동심과 한평생 꿈

마침내 그렇게 되었지요

동심과 한평생 꿈 ―마침내 그렇게 되었지요

초판 발행 2007년 7월 25일
재판 발행 2009년 7월 10일
3 판 발행 2017년 1월 31일

저 자 김용태 외
발행인 황 세 연
상 무 이 미 숙
교 열 이 윤 주
교 정 손 연 화
디자인 P&P 디자인
인 쇄 상 지 사
제 본 상 지 사
발행처 도서출판 중원문화(등록 제10-2444)
http://www.library.ne.kr
주 소 서울특별시 마포구 창전동 2-33
전 화 02-325-5534 FAX 02-324-6799
ISBN 978-89-7728-810-2(04800)

*잘못된 책은 구입하신 서점에서 바꾸어 드립니다.
값 12,000원

동심과 한평생 꿈

마침내 그렇게 되었지요

|첫 번째 이야기| 사람을 향한 따뜻한 시선

섬진강 시인 김용택 외 지음

도서출판 중원문화

6개월 동안 매일 한 시간씩 150여분의 인생 얘기를 들으면서 매일 감동하고 울고 가슴 아파하고 때론 힘겨워 하기도 했습니다.

저도 짧지 않은 세월을 살아오면서 늘 제 인생이 힘겨웠고 때론 모두 내려놓고 싶기도 했고 왜 제게만 이렇게 힘든 삶을 주시느냐고 하나님을 원망하기도 했습니다.

그런데 지난 6개월은 그동안의 제 생각이 얼마나 잘못되었는지 반성해주는 시간이었고 바꾸어 말하면 내 정도의 인생살이는 축에 끼지도 못하겠구나 생각할 정도로 참으로 다양한 삶의 얘기를 들을 수 있었던 소중한 시간이기도 했습니다.

그 길고 복잡한 인생 얘기를 한 시간으로 요약한다는 게 얼마나 터무니없고 죄송한 일이었는지도 말씀드리고 싶고요. 가난을 못 이겨 가출하고 배고픔을 견디지 못해 찬물로 배를 채우면서 틈틈이 독학으로 공부를 익혀 늦은 나이에 결국 대학을 졸업한 분, 장대같은 아들을 최루탄으로 잃고 민주투사가 된 배은심 여사, 남편과 아이를 두고 막 터지려는 전쟁을 온 몸으로 막겠다고 이라크로 떠난 임영신씨 등등 한분 한분의 삶의 얘기 때문에 저희들은 많이 울었고 가슴 저리게 감동했고 새삼스럽게 제 삶을 되돌아보기도 했습니다.

그러면서 느낀 게 있습니다.

세상에 태어나서 늘 양지쪽에만 있었고 아무런 굴곡 없이 인생을 살아온 사람들이야 말로 정말 재미없고 불행한 인생이라는 걸. 이제 이 값진 인생 얘기가 책으로 엮어져서 저처럼 왜 내 인생만 이렇게 불행하고 운이 없나 생각하는 분들에게 희망과 용기를 주게 되기를 바랍니다.

그리고 CBS 손 숙의 아주 특별한 인터뷰에 출연해 주시고 힘든 얘기까지도 진솔하고 솔직하게 얘기해 주신 모든 출연자 분들에게 다시 한번 감사를 드립니다.

2007년 7월에

손 숙 올림

차 례

차 례

섬진강 시인 **김용택**

동심과 한평생 꿈 "마침내 그렇게 되었지요!"

전북 임실, 가난한 농촌에서 태어난 소년은 산에서 뒹굴고, 들녘을 달리고, 강물에 몸 담그는 일이 좋았습니다. 평범한 농부의 아들로 태어나 자신도 '땅을 벗 삼아, 자연을 스승 삼아' 살고자 했지만, 야심차게 시작한 오리농장이 실패하여 고향을 떠나야 했습니다.

그 후 우연한 기회에 어느 산골 초등학교 선생님이 되었는데 스물 한 살의 팽팽한 젊음은 아이들 앞에서 너무나 심심했습니다. 무료함 때문에 생전 처음 '내 돈 주고' 책을 사서 보았다는 젊은이…….

그 책을 계기로 문학에 푹 빠져버린 청년은 마침내 시인이 됩니다. 섬진강을 아름답게 노래하여, '섬진강 시인'이라 불리는 김용택씨, 그는 두 차례의 문학상 수상경력에도 불구하고 자신이 시인인지 잘 모르겠다고 합니다.

“다만 내가 태어나 자란 땅을 노래했을 뿐”이라며, 시인도 좋고 선생님도 좋지만 어쨌든 아이들과 함께 있을 때가 제일 행복하다는 시인 김용택씨, 그를 CBS ‘손숙의 아주 특별한 인터뷰’에서 새해 첫날 만나 순수함을 나눴습니다.

“새해 해돋이는 보셨는지요?”

“늦잠을 잤는데 산에 올라간 친구가 해 떴다고 빨리 일어나라고 전화하데요. 하하하!”

“호호호……, 그런데 섬진강의 해 뜨는 모습은 어때요?”

“섬진강은 굉장히 깊은 골짜기이기 때문에 해가 늦게 뜨고 일찍 지게 됩니다.”

“마을에서 세 번째로 늦게야 고등학교 진학을 했다는 말씀이 있던데 왜 그렇게 늦었어요?”

“당시 저뿐 아니라 그 시대를 살았던 우리 또래 사람들은 다 가난하고 힘들었습니다. 그중에서 진학을 한 저는 복을 받은 사람입니다.”

“고교 졸업 후 바로 오리 농사를 했나요?”

“고등학교를 졸업하면서 영농자금을 융자받았습니다. 그 돈으로 시골에서 오리를 키워 돈을 많이 벌어야 되겠다 싶어서 집을 세 칸 짓고 한 칸은 세를 주고 두 칸은 오리를 키웠어요. 그런데 오리가 잘 자라니 욕심이 생겨 200마리를 더 산 게 화근이 돼서 1년 동안 아주 힘들었습니다.

그래서 어머님께 말씀드리고 서울로 도망쳤다가 취직도 못하고 거지처럼 지내다가 한 달 만에 '고향에 일자리가 있다' 는 말에 속아 돌아왔어요. 시골에 돌아와서는 밖에 나가기도 싫고 해서 방에만 누워 지냈는데 어느 날 친구들이 찾아왔습니다. 얘기를 들어보니 교사가 되는 시험이 있다는 거예요.

교육대학을 가야 교사가 되지 어떻게 시험으로 선생이 되냐 싶었는데 그 당시 초등학교 교사가 너무 모자라 고등학교를 졸업한 사람들에게 시험을 볼 기회를 줘서 합격하면 4개월 동안 강습을 받고 교사가 될 수 있는 제도가 있다는 거였습니다. 나는 공부도 안 했고 선생을 한 번도 안 해봤기 때문에 안 한다고 했는데 심심하니까 한 번 보러 가자고 해서 사진만 찍어서 줬더니 친구들이 원서도 쓰고 접수도 해주는 거에요. 그래서 시험을 보러 갔습니다."

"선생님이 돼서 한때 굉장히 후회하셨다는데 왜 후회하셨어요?"

"깊은 골짜기 초등학교로 발령이 났는데 그 때가 21살이었어요. 아이들과 있으니 너무 답답하고 갑갑해서 인생이 이런 것인가 하는 걱정도 되고 대학을 갈 형편이 못 되었으나, 대학을 가고 싶었지요.

그 당시 월부 책장수가 거기까지 책을 팔러 왔는데 도스토예프스키 전집을 가져왔어요. 그게 6권짜리로 판형이 아주 넓고 좋아서 처음으로 내 돈 주고 책을 사봤습니다.

그리고 방학 때 집으로 가져와 낮에는 나무를 하고 밤에는 그걸 읽기 시작했는데 그 조그마한 책 속에 온갖 세상이 다 들어 있는 거였어요. 모든 사람 모든 인생이 다 들어 있는 걸 보고 정말 놀라고 충격 받았습니다.

인생이 새로워 보이고 매일 보는 자연이 새로워 보이더라고요. 그리고 학교에 출근했는데 그 월부 책장수가 또 다른 책을 가지고 왔어요. 헤르만 헤세 전집이며 괴테 전집, 박목월 전집, 서정주 전집……, 그 월부 책장수가 내 인생을 바꾼 셈입니다. 하하하!"

"시를 쓰기 시작한 것은 언제부터인가요?"

"그 당시는 글을 쓸 생각은 못하고 책 읽는 것만 즐겁고 재미있었습니다. 책을 통해 나를 알게 되고 세상을 알게 되고 우리, 인류를 알게 되었습니다.

그런데 어느 날 누워서 책들을 보면서 불현듯 저 책들을 사람들이 썼구나 하는 생각이 들고 그럼 나도 한번 글을 써봐야지 하는 생각이 들더군요.

그때 내 머릿속에 복잡한 생각들이 소용돌이치고 있어서 답답했는데 그걸 소설로 쓰고 평론으로 쓰고 동시로 쓰면서 2~3년 있다 보니까 어느 날 시를 쓰고 있었습니다. 말하자면 글로 내 생각을 정리 했던 셈이지요."

"어느 날 갑자기 문득 시가 내게로 온 것입니다."

"그럼 지금까지 쓴 시가 몇 편인가요?"

"한 600편쯤 되지 않을까 싶습니다."

"왜 이따금 교사 생활을 그만 두려는 생각을 했나요? 무척 궁금한 부분입니다. 저는 선생님이 되고 싶었거든요."

"교사를 하다보면 아이들에게 늘 새로운 것을 보여야 되는데 내가 생각이 너무 고루하고 지루하고 닳아서 아이들 앞에 이런 낡은 모습으로 서 있으면 안 되겠다는 생각이 문득 들 때가 있었습니다. 아이들 앞에서는 늘 새사람이어야 하는데 저는 헌 사람이 되니까요. 교사는 늘 살아있는 사람이어야 합니다. 고정되고 규격화 된 죽은 인격자가 아니라 살아 숨쉬는 사람이여야 하지요."

"이제는 그런 마음이 없나요?"

"정년이 얼마 남지 않았어요. 하하하!"

"이제 운명적으로 선생이고 선생으로 사는 게 가장 행복하다고 했던데……."

"스물 한 두살 때 코흘리개 아이들 앞에서 인생을 시작해서 머리가 하얗게 될 때까지 아이들 앞에 있었으면 좋겠다는 생각을 하게 되었고 마침 그렇게 되어서 내 인생의 제목이 '마침내 그렇게 된 내 인생' 이라고 생각합니다."

"살고 있는 곳을 떠나보겠다는 생각은 안 해봤나요?"

"그런 생각은 한 번도 안 해봤습니다. 늘 바라보던 산, 늘 바라보는 강, 늘 만나는 사람들, 늘 만나는 아이들이 너무 편합니다.

지금 가르치는 아이들의 아버지 어머니도 내가 가르쳤습니다. 그런 일들이 너무 편하고 너무 소중합니다. 우리가 사는 이 떠돌이들이 판을 치는 이런 세상에 나같이 이런 세상을 산 사람도 한 사람쯤은 우리나라에 있어야 하지 않을까 하고 생각합니다. 하하하, 그런 인생도 아름다울 것이라고 생각했지요!".

"그런데 선생님! 결혼도 운명적으로 했다고 들었는데 무슨 이야기에요?"

"사실 결혼에 대해서 생각을 잘 안하고 살았습니다. 아버님이 돌아가시고 1년 후 탈상을 하던 때 대학교 다니던 셋째 동생과 친구들이 문상을 왔어요. 그때 문상을 온 여자 중에 한 사람이 내 안사람이 되었습니다.

그 때는 그 사람이 너무 어리고 나이차도 많이 나서 여자로 생각을 안 했는데 동생 졸업식 때 색동저고리 입고 학사모를 쓴 모습이 너무 예쁘더라구요. 그런데 졸업하고 나서 어느 날 밤에 그 사람이 우리 집에 혼자 찾아왔어요.

그땐 이 아이가 왜 이런 식으로 여기 왔을까 하고, 여인이 이렇게 밤길을 걸어 다니면 안 된다 하고 혼을 냈습니다.

그런데 그 다음 주에 또 오고, 계속 왔다 갔다 하다가 어느 날은 내가 책을 읽고 있는데 와서 같이 살면 안 되겠냐고 하더라구요. 너무 놀라서 장난하지 말라고 혼내고 쫓아 보냈습니다.

그런데 다음 주에 또 와서 그러 길래 '나는 얼굴이 잘생기지도 않았고 집에 논밭도 별로 없고 촌사람인데 어떻게 나랑 같이 살려고 하느냐?' 하고 또 혼내서 보냈습니다.

그래도 또 계속 와서……. 내 마음이 좀 변했습니다. 하하하!"

"호호……, 2002년 대선 때 지역감정 추방을 위한 길거리 공연도 했다는데요. 특별한 이유라도 있었나요?"

"가수 김원중씨 등이 전국을 돌면서 공연을 하는데 나도 몇 군데 같이 다니면서 얘기도 하고 시도 낭송했었습니다."

"그런 일을 하신 후 지역감정이 많이 없어진 것 같은가요?"

"많이 엷어지긴 했지만 선거가 시작되면 다시 되살아나지 않을까 걱정됩니다. 이번엔 정말 우리들이 밤을 새워 우리나라를 걱정하는 그런 시간을 갖고 정말 우리를 위해서 일할 분을 사심없이 선택해야 하지 않을까 생각합니다."

"시인의 마음으로 새해를 어떻게 맞으면 좋을까요?"

"우리가 사는 세계가 무엇이 문제인지는 다 잘들 알고 있습니다. 그리고 그 문제를 어떻게 해결해야 하는지도 다 알고 있습니다. 다만 많이 가진 자들이 자기 욕심을 더 채우려 들기 때문에 문제가 더 복잡해지고 있습니다. 진정으로 '나'와 '우리'를 고민하지 않을 뿐입니다. 자기가 가진 것들을 조금씩 덜어서 남을 주는 그런 따뜻한 해가 되었으면 좋겠습니다."

「왕의 남자」 대역 남사당 줄꾼 **권원태**

"광대로 최선, 인생이 다 줄타기 아닌가요?"

"줄타기는 아슬아슬 곡예 하듯이 살아가는 우리네 인생과 같습니다. 뼈가 부러져 가며 30년 동안 배운 줄타기입니다. 다시 태어나도 저는 '줄꾼'이 될 겁니다." 심혈을 기울여 어느 한 분야에 일가를 이룬 사람을 우리는 흔히 장인이라 말합니다. 그래서 아무에게나 장인이라는 말을 하지 않습니다. 지난해 무려 1,230만 명이 관람했던 영화 '왕의 남자'에서 장생의 대역으로 출연해서 대중적으로 많이 알려진 분입니다. 하지만 영화와는 상관없이 이미 그 이전부터 장인의 반열에 올라있는 남사당 줄꾼 권원태씨를 만났습니다.

"빛이 형형하시다."

"줄을 타다 보면 위험하니까 신경을 많이 씁니다. 실수를 했을 경우에는 몸 어디가 부러질 수가 있기 때문에 굉장히 예민하지요. 그런 맥락에서 우리는 짐승한테 해코지도 안 하는데, 특히 날아다니는 짐승은 절대 안 건드리고 먹지도 않습니다."

"10살 때부터 줄을 타셨는데 줄을 타게 된 동기는 무엇인가요?"

"부모님께서 다 예능 쪽 일을 하셨어요. 30년 전에는 줄타기 분야가 낙후되어 있었지만 접하기가 쉽다보니 시작하게 된 것 같아요. 6,7살 때 여성국극도 보곤 했는데 그 느낌이 아직도 몸 속에 배어있고 생각납니다."

"무대에는 몇 살 때부터 섰나요?"

"시작하고 한 5년 지나서부터 섰으니 15살 즈음일겁니다. 그 전까지는 계속 연습을 했죠."

"줄에 올라설 때 공포감을 느낄 때는 없나요?"

"어릴 때는 느끼다가 20대 후반을 넘어서면서 그런게 없었는데 요즘은 알면 알수록 더 무섭습니다, 줄이……."

"요령이 있을 것 같은데요."

"요령이 있다기보다는 몸에 배어있는 거지요. 관객들에게 재담이나 사설을 늘어놓으면서 줄에 대한 안전도 생각해야 해요. 남들이 보기에는 편안히 장난치면서 줄을 타는 것 같지만 나는 굉장히 많은 생각을 하면서 줄을 탑니다."

"영화 '왕의 남자' 가 뜨면서 온 국민의 관심의 대상이 되었는데요."

"감우성씨가 안성시립남사당전수관에 오셔서 한 3개월동안 줄연습을 했습니다. 줄을 탄다기보다는 줄에 대한 느낌, 올라섰을 때 흉내내는 것이 아니라 진짜 중심을 잡으려 한다는 느낌을 자연스럽게 하기 위해서였는데 감우성씨 같은 경우는 줄 높이 3미터에 길이 9미터 정도를 걸어갈 정도로 열심히 했어요."

"영화에서 연산군이 쏜 화살을 피하는 장면은 정말 명장면이더라고요."

"그때 줄 높이가 5미터고 길이가 30미터였는데 올라서보니 줄이 너무 길어 뱅글뱅글 돌더군요. 줄을 타면서도 이 줄은 굉장히 힘들구나 했습니다. 화살을 피하고 떨어지면서 한손으로 줄을 잡는 장면까지는 내가 실수한 장면이에요. 원래는 화살을 피하고 이렇게 저렇게 하는 거였는데 하다 보니까 내가 진짜로 실수해서 떨어진 거죠. 그때 겨드랑이에서 팔까지 다 까졌어요. 영화 비하인드 스토리나 메이킹 필름을 보면 아마 내가 다친 장면이 나올 겁니다. 그런데 그 장면이 모니터로 보니까 너무 리얼하게 나와서 그 장면 그대로 가기로 한 거지요. 감독님이 NG없는 배우라고 하더군요. 하하하."

"평소 3미터를 타다가 5미터를 타면 엄청난 위험을 감수하신 것인데……."

"처음에는 와이어를 감고 했는데 줄에서 일어났다 앉았다 하니까 자꾸 목에 감겨 사고가 날 것 같아 그냥 없이 했습니다. 그러고 나서 그 다음에 공연을 해야 하는데 후유증이 있더군요. 또 프랑스 공연을 갔다 와서 이틀 있다 시차적응도 못하고 부랴부랴 가서 촬영을 한 것이기도 해서 여러 모로 아주 기억에 남습니다."

"줄타기가 다시 한 번 사람들에게 인상적으로 꽂혔는데요."

"여러 모로 좋아지긴 했는데 한편으로는 내 색깔이 없어지는 것 같아서 조금 안타깝습니다. 지금 내가 줄을 타면 평생동안 해온 남사당 줄꾼으로 나오지 않고 '왕의 남자'의 줄꾼으로 나오게 되니까요. 나는 영화 줄타기 전문 배우가 아니라 단지 그 영화에서 그 사람들이 할 수 없는 부분을 채워준 것뿐인데 계속 '왕의 남자' 줄꾼이라고 불리니까 좀 창피할 때도 많습니다. 요즘에는 줄에 올라가면 절대 그런 말 하지 말고 그냥 남사당 줄꾼 권원태로 가자고 합니다."

"외국에도 줄 타는 분들이 있나요?"

"서커스도 어떻게 보면 그들의 전통문화입니다."

"미국의 경우 서커스 줄타기 문화가 100년이 넘었고 그리스신화에서도 축제 때 꼭 광대들이 나와 놀았지 않나요?"

"우리나라 줄타기도 그들 관점에서 보면 서커스인데 차이점이라면 우리는 풍자와 해학으로 관객과 노는 마당놀이의 개념이지만 그들은 쇠줄 위에서 하는 기예, 테크닉의 개념이라고 생각합니다."

"줄 위에 올라가서 하는 사설은 누가 가르친 것인지?"

"과거 문헌 자료에 줄타기할 때 하는 사설 같은 것이 나와 있습니다. 풍자와 해학은 그때그때 분위기에 따라 하는 것이구요. 예를 들어 작년 같은 경우는 바다이야기가 한창 이슈가 되어서 '여행들 다녀오셨습니까?' 하고 '산, 강, 바다……, 그럼 바다이야기 가셨나?' 하면 다들 넘어가는 거지요. 그때그때 이슈나 정치 풍자를 한마디씩 툭툭 하는데, 말하자면 가려운 곳을 긁어주는 말을 하며 관객들과 함께 호흡하는 것이죠."

"줄 위에서 아래를 내려다보면 어떤 생각이 드나요?"

"놀이기구를 타면 굉장히 어지러워요. 그리고 귀신도 많이 무서워하고 공포영화도 못 봅니다. 그런데 높은데 올라가는 건 올라가면 올라갈수록 희열을 느껴요. 높은 데 올라가면 세상이 다 내 것 같아요. 사람들이 줄에 올라가면 출렁대는데 왜 놀이기구는 못 타냐고 연구대상이라고 그럽니다."

"줄을 타면서 가장 가슴 아팠던 일은?"

"2004년도에 동생을 먼저 보냈습니다. 그때 경제적으로 굉장히 어려워서 공연을 취소할 수도 없으니 그 돈으로 장례비라도 하자 싶어 염하는 것도 못보고 마지막 날 화장만 했지요. 공연 가면서 차에서 울고 줄에 올라서는 광대질하면서 허허 웃고 내려와서 다시 울었습니다. 광대라는 게 이렇습니다. 내 일이 아니고 남의 일을 해주는 것이기 때문에 무슨 일이 있어도 공연이 더 중요하지요."

"삶에 있어서 줄타기는 어때요?"

"평생 해오면서 할 줄 아는 게 이것 밖에 없고, 앞으로도 해야 되고……. 인생은 다 줄타기 아닌가요? 정치, 사업, 가정생활 모두가 줄타기인데 단지 나는 실제로 몸으로 보여주는 것이죠. 또 한 가정의 아버지와 남편으로서 하는 수많은 직업 중 하나 일뿐이기도 하구요. 그래서 줄에 올라서는 순간에는 '나'라는 존재는 없어지고 하나의 줄 타는 광대로서 최선을 다합니다. 그런 식으로 열심히 사는 것이죠."

북한 여배우 **김혜영**

"탈북인지 모르고 집 나서"

한때 탈북자로 불렸고 지금은 새터민으로서 연예 활동하는 사람이 있습니다. 함경북도 청진이 고향이지만 98년 8월 다행히 가족과 함께 남한에 정착했고 지금은 사업도 하고 있습니다. 30을 갓 넘기기까지 짧은 세월이라면 짧겠지만 아픔도 많은 세월이었습니다.

'반갑습니다', '휘파람', '살짝쿵' 등이 담긴 음반도 내놓은 귀순가수 겸 탤런트 김혜영씨를 만나보았습니다. 아직도 고향의 기억이 생생하고 친구 · 친척을 통해 소식도 듣고 있다고 합니다.

"김혜영씨, 벌써 30이에요?"

"방송에선 20대라 그래요. 후훗. 이제 진짜 30이 넘으니까 사람이 돼 가는구나, 이제 뭔가를 해야 되겠다 하는 생각이 드네요."

"남한으로 오신지 얼마나 되셨죠?"

"9년쯤 됐지요. 결혼한지도 5년쯤 됐구요."

"벌써 세월이 그렇게 흘렀는데 기억은 생생하죠?"

"생생하죠. 아직도 고향 소식은 거기 있는 친척이나 친구들에게 간간히 전해 듣고 있습니다."

"혜영씨가 넘어와서 불이익을 받은 고향사람은 없나요?"

"가족이 다 넘어왔고 특히 친가쪽은 다 중국에 계시고 외가쪽만 북한에 계시는데 여자는 출가외인이라고 해서 안 건드립니다."

"안전원, 경비대 등을 따돌리며 천신만고 끝에 압록강을 건너오셨다는 소리를 들었습니다. 넘어오기 전에는 무엇을 하셨나요?"

"평양연극영화대학 졸업반에 배치받고 마지막 방학을 보내려 청진의 집에 내려갔는데 부모님께서 어느 날 친척집에 놀러가자고 하시더군요. 오랜만에 가족여행 가는구나 하고 좋아했었죠. 집을 나올 때 강아지가 평소와 달리 슬프게 우는 거예요. 그때까지도 북한을 떠난다는 사실은 부모님만 알고 계셔서 이상하다 싶으면서도 영문을 몰랐죠.

그 당시 제 거주지가 평양으로 되어 있어서, 북한에서는 안전원이라고 불리는 경찰이 있는데, 그 사람들이 국경까지 저희를 따라왔어요. 아버지가 속이 타신 게 저희가 국경에서 만나기로 한 어느 할머니랑 말을 미리 맞춰두지 않으신 거예요. 그래서 할머니 집에 들어가서는 순간에 먼저 결혼식 가는 길인데 이 사람들이 우리를 못 믿고 따라왔다고 하셨죠. 할머니께서 눈치채시고 딸 결혼식이 내일 모레라고 하시니까 믿는 듯 보이긴 했는데, 그래도 그냥은 못 가겠다는 거예요. 돈 달라는 소리죠. 돈이랑 담배 주고 보냈지요."

"탈북 과정을 좀더 자세히 설명해주세요. 무척 궁금해요."

"압록강을 건너는데 온 가족이 다 같이 가면 잡힐지 모른다고 생각한 아버지가 경비대장을 구슬린 거예요. 국경에 일일장이 서는데 거기 하루 가서 장사하고 남는 돈(이익금)을 나눠 갖자고 하신 거죠. 그건 그렇다 쳐도 애들도 가는 건 그 사람들이 의심을 할지 모르니 저희 세 명에게 중국옷을 입히고 중국인인 척 하게 했지요.

겨울이어서 얼어 있는 강을 아버지가 경비대장의 주의를 돌려놓는 사이 빨리 건너라고 하셨죠. 그때까지도 탈북하는 줄은 모르고 건너편에 고모 만나러 갔다 오라는 말만 믿었어요. 동생은 노래까지 불러가면서 건너고 있는데 가다가 덜 얼은 곳에 제 발이 푹 빠진 거예요. 저는 뭔가 눈치를 챘기 때문에 빨리 가려고 해도 잘 안 움직여지고 정신이 없었지요. 거의 건너가긴 했지만 경비대장이 발견해서 호각을 불고 난리가 났었습니다. 아버지가 순간적으로 중국 애들이 놀다 가는 것 같다고, 다 건너갔는데 뭐 잡으려고 하냐고, 옷차림 보라고 하셨죠. 그래서 어떻게 넘어갈 수 있었지요.

그런데 그 자리에서 고모를 만나기로 했는데 못 만난 거예요. 장백현 쪽이었어요. 그 쪽에서도 북한사람들이 하도 많이 넘어오니까 중국 쪽 경비대가 잡아서 다시 넘기곤 하는데, 마침 경비대가 없었지요. 웬 할아버지가 오시더니 여기 있으면 잡혀간다고 자기집으로 오라고 하셔서 거기로 갔어요. 안 그래도 불안하고 의심스러운데 거기 계시던 할머니가 잠시 나갔다 온다고 하시면서 대문을 바깥에서 잠근 거예요. 그래서 바로 그 순간 동생들이랑 울타리 옆에 있던 장독을 밟고 넘어서 정신없이 뛰다가 고모를 만났지요. 한 2시간 후에 부모님도 건너오셔서 다 같이 고모 댁으로 가고……, 그렇게 귀순하게 되었습니다. 외가 쪽은 아직 북한에 거주하고 계시지만 '출가외인' 이라 해가 없을 겁니다."

"배우나 가수를 할 생각은 어떻게 하게 되셨나요?"

"처음에는 북한 고향에서 얼굴이 조금은 알려져 있으니까 만약 남한방송에 나간다면 그곳의 친척이나 지인들이 불이익을 당할까봐 못하겠다 했지요. 하지만 가족을 제가 먹여 살려야 할 상황이었습니다. 갑작스레 할 일도 없고 전공했던 것이나 살려보자 해서 방송을 하기로 결심했지요. 북한은 국가에서 다 관리해주고 하니까 문제가 없었는데 여기서는 매니저가 필요해 매니저라는 사람도 처음 만났습니다.

CF도 아주 유명한 회사에서 하나 들어와서 굉장히 큰 돈이 생겼어요. 저는 '제가 한 일이 뭐가 있다고 이렇게 많이 주십네까' 했지요. 그러면서 CF 몇 개 더 찍고 좋은 일도 생기고 슬픈 일도 생기고……, 사실 처음에 실수도 많아 무시당하는 일도 많았고 그래서 혼자 오신 분들을 보면 무척 안쓰러워요."

"어떤 슬픈 일이 있었나요?"

"슬펐다기보다는 저는 백짓장 상태에서 여기에 왔으니까 아무것도 모르잖아요. 그러다보니 중간에서 말과 행동을 다르게 하는 사람이 몇 분 있어 사기를 좀 당했지요. 지금 매니저는 아닌데 그 전에 만났던 매니저 몇 분이 음반을 내준다 하고 저희가 받았던 얼마

안 되던 정착금을 다 가져다 쓰고 나서 판을 확 접어버린 거예요. 어떻게 보면 아픈만큼 성숙한다고, 그로 인해 많은 것을 배웠죠."

"시댁 쪽에서 탈북자 가족이라고 반대하지는 않았나요?"

"저는 그런 걱정을 많이 했는데 그런 게 없었어요. 신랑한테도 제가 탈북자가족이니까 시댁에서 받아들이기 힘들거라고 결혼 승낙을 안 했었어요. 또 부모님께 집 한 채 사드리고 결혼하겠다고 하니까 결혼하고 나서 사드리면 안 되겠냐고 하더라구요. 그래서 결혼했는데 아직까지 못 사드렸어요 호호호. 대신 제가 집을 사서 거기에 살고 계시죠."

"탈북자 가족들을 만나보시면 사기를 당해서 정착금을 날리거나 여러 가지로 안 맞기 때문에 힘든 분들이 많을 것 같아요."

"제가 너무 속상한 게 저희는 가족이 다 같이 왔지만 혼자 오신 분들은 더 힘들어하시고 실수도 많이 하세요. 저희 예술단원만 해도 혼자오신 분들이 많거든요. 그들은 솔직히 예술활동 아니면 먹고 살 직업이 없어요. 어디 가서 정착을 못하는 거예요. 여기 분들이랑 호흡을 맞추려면 시간이 많이 필요한데 저처럼 조금 상처도 입어보고 일을 겪어보면서 해야 하는데 금방 포기를 해요.

그런 분들에게 제가 '사선을 넘어왔던 그런 정신을 가지고 하면 못 해낼 게 없다. 한국 분들은 아무래도 북한의 실정에 대해 너무 모르고 어쨌든 남한보다 북한이 못살지 않느냐고 무시하는 경향이 없지 않지만 그걸 무조건 서운하게 생각하면 안 된다' 고 말하죠. 또 '나는 태어난 출신이 이렇지만 이걸 어떻게든 극복해야겠다고 생각하라' 고 얘기를 해줍니다. 남한 사람들이 무시를 하더라도 겉으로는 그냥 웃으면서 난 당신보다 더 크고 성공할 수 있다고 생각하고, 속으로 이를 꽉 물고 열심히 뭔가를 공부하든지 일을 하다보면 일어설 수 있다고 말이죠."

"앨범이 지금 몇 개나 나왔어요?"

"5집 째인데, 별로 안 팔리죠. 호호. 그냥 북한 어린이 돕기 하면서 음반에서 수익금이 생기면 다 거기로 보내요. 또 이번에 설운도 선배님이랑 듀엣곡을 냈어요, '님이 오는 계절' 이라고. 남북의 실향민이나 헤어져 있는 가족들이 빨리 만나야겠다는 느낌, 사랑하는 사람에 대한 그리움과 같은 그런 느낌이 들어 있는 곡입니다."

탤런트 **이정섭**

"부엌일뿐 아니라 수놓기도 좋아하죠."

여자처럼 말하는 남자, 말투와 행동이 남달라 연기도 아주 독특한 인상을 주는 사람, 실제로 요리를 너무 잘해서 20여 년 동안 전통 한국 요리집을 운영하고 요리도 직접 하며 요리 프로그램에 단골로 출연해 혹시 동성애자가 아니냐는 오해도 받는 사람, 탤런트 이정섭!

맛깔스런 연기로 브라운관에서 강한 인상을 남기며 맹활약하는 그도 이제 60이 넘었고 자녀들도 출가를 시켰다. 한편 프로로서의 요리인생도 20년을 훌쩍 넘기고 있는 탤런트 이정섭씨를 만났습니다.

"이정섭씨가 환갑이 넘었다고 해서 깜짝 놀랐어요."

"1963년도에 손숙씨 대학교 1학년 때 데뷔작에서 「루카스 아주머니」 할 때가 어제같은데 벌써 그렇게 되었네요."

"그런데 어떻게 얼굴에 주름이 없어요?"

"모르겠어요. 그저 잘 먹고……. 보니까 제가 아직도 철이 없어서 늙을 새가 없나 봐요."

"스트레스를 별로 안 받으시나 봐요?"

"받기는 받죠. 그런데 빨리 풀지요. 옛날에는 고민 고민 하기도 했는데 무슨 일이든지 목소리 크고 화낸다고 해서 안 될 일이 되지도 않고 조용조용 살아도 그저 열심히 하루하루 최선을 다하고 살다보면 그냥 풀리는 거 아니겠어요? 그리고 사실 '빨리빨리' 라는 세월도 이제는 지나갔잖아요. '빨리빨리' 했던 게 모래성이 되고 그렇게 하면 시멘트로 집을 지어도 20년 되면 허물어진다는데 세월이 모든 걸 말해주는 거죠."

"자녀는 어떻게 되세요?"

"딸 둘 아들 하나예요. 유학 보낸 애들이 3년 전부터 오기 시작해서 이제는 다들 직장생활 하고 있어요. 학교 보내는 건 끝났죠, 이제."

"여자도 50 넘어가면 요리하기가 징글징글한데 60이 넘도록 부엌에 들어가는 게 징글징글하지 않으세요?"

"저는 음식 하는 게 참 즐거워요. 찌개를 끓여도 몇 번씩 먹어보면서 그때그때 간을 봐요. 저는 오히려 방송 나오는 게 쉬는 거예요. 집에 있으면 오시는 분들한테 음식 만드는 방법, 또 그 음식의 유래부터 먹는 법까지 다 얘기하니까 기가 무척 빠지죠. 하하."

"음식 잘하는 사람들은 '이것을 저 사람이 먹으면 행복할 것이기 때문에 요리를 한다' 고 하는데 맞나요?"

"저희 집에 처음 오시는 분들이 저를 관찰하느라 좀 무표정해요. 그런데 음식을 드시고 나시면 표정이 풀리면서 맛있다고 하세요."

"몇 살 때부터 음식을 하기 시작 하셨어요?"

"어렸을 적부터 집안일을 도와줬어요."

"종손이신데 음식하고 부엌에 들어가고 하면 어르신들이 뭐라고 하셨을 것 같은데요?"

"초등학교 3학년 때 할아버지나 증조할아버지는 정섭이가 음식을 했다고 하니까 신통해하셨는데 아버지는 사내 녀석이 (부엌에) 들어간다고 그때부터 걱정하셨어요."

"그런 게 재미있으셨어요?"

"부엌일뿐 아니라 수놓기도 좋아하고 꽃꽂이도 좋아하고……. 그런 곰살맞은 일을 참 좋아했어요."

"여동생이나 누나는 안 계셨어요?"

"누나는 없고 여동생이 다섯이고요, 당고모가 네 분 계셨어요. 그런데 당고모들이 아버지한테 오빠 오빠하니까 저도 초등학교 들어가기 전까지 아버지한테 오빠라고 불렀던 기억이 있어요."

"그때부터 말투가 그러셨어요?"

"그때도 '쟤는 왜 저렇게 목소리가 계집애 같냐' 는 소리를 들었어요. 학교에서 소풍이나 학예회 가면 목소리가 특이해서 연극같은 데 많이 뽑혔어요."

"잘 모르는 분들은 이정섭씨 말투나 행동 보고 동성애자인줄 아시는 분들도 있어요."

"보이는 대로 말씀하세요. 허허. 이런 속담이 있어요, 소문이 난 걸 막으러 다니면 더 피곤해진다고. 저절로 시간 가서 바로 알 때까지 놔두는 게 상책이죠."

"결혼하시고 요리는 주로 이정섭씨가 하셨어요?"

"저도 직장생활을 하기도 했으니까 평소에는 애 엄마가 하죠."

"직장생활도 하셨어요?"

"지금은 합병된 동양라디오에서 드라마 제작 음악담당 했어요. 또 무역업체에서 선적업무도 했고요."

"이미지랑 전혀 안 맞는데요?"

"안 맞으니까 그만뒀지요. 허허."

"배우는 몇 살 때부터 시작하셨어요?"

"사실주의 연극을 중3 때 하기 시작했어요. 그때 유태인 고물상집의 기독교 하녀 역을 했어요. 제가 여성스러우니까 고등학생 대신 중학생한테 그 역할이 온 거죠."

"지금까지 몇 작품 하셨죠?"

"TV에서는 단막극까지 11개 했고요. 연극무대는 고등학교 때 4작품 했는데 목소리가 이래서 배우 포기했었어요. 그래서 연출같은 걸 하다가 1992년도부터 연극은 6개밖에 안 하고, 연출은 번역극 몇 개 했는데 제가 우리나라 여성극 재기를 위해서 노력을 해도 예산부족으로 많이 어렵더라고요."

"음식도 그렇고 연기도 그렇고 재주가 많으신데 그 재주 갖고 돈은 별로 못 버신 것 같은데요?".

"돈만 쫓아가면 음식맛이 안 나요. 음식점을 해서 돈 버는 건 하늘이 낸 사람 아니면 사기꾼이라고도 하잖아요."

"그래도 그 돈으로 애들 공부 시켰잖아요?"

"그건 탤런트 하다 보니까 CF가 들어와서 그거 찍은 돈으로 한 거지요."

"음식점은 누구한테 물려주실 거예요?"

"누구든지 한다는 사람. 그거는 남도 상관없어요. 제 밑에서 10년, 아니 5년만 견뎌도 돼요. 성품이 괜찮고 음식하는 데 즐거워하는 사람한테 물려줄 거예요."

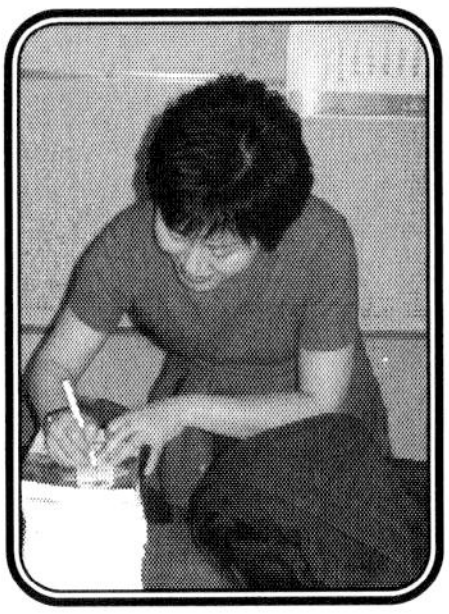

긴급구호팀장 **한비야**

"바람의 딸, 이제 빛의 딸이 되고 싶다"

"이제는 빛의 딸이 되고 싶어요. 태양처럼 큰 빛은 못되더라도 손 안에 든 작은 촛불이나 등불 정도라도 제가 가는 곳은 밝고 따뜻하게 해주고 싶어요."

세계지도를 펼쳐 보며 '걸어서 세계일주'를 계획한 당찬 소녀. 친구들이 졸업하던 해인 25살에 대학에 입학한 늦깎이 대학생. 세계적인 홍보회사에서 초고속 승진을 거듭하다가 느닷없이 사표를 던지고 여행 가방을 싼 '노처녀 직장인'. 7년간의 오지여행을 책으로 펴낸 '베스트셀러 작가'. 도움이 필요한 곳이면 전쟁터든 재난지역이든 어디든 달려가는 '긴급 구호 팀장'. '세상이 만들어놓은 한계와 틀 안에서 살지 않고 지도 밖으로 행군하겠다'는 당찬 포부를 밝힌 그녀는 극한 상황, 안타깝고 괴로운 현장 속에서도 웃음을 잃지 않습니다.

그리고 그녀 특유의 따뜻함과 적극적인 삶의 태도로 세상은 먹고 먹히는 정글의 법칙만으로 돌아가지 않는다는 것을 사람들에게 보여주었다. '가슴을 뛰게 하고, 피를 끓게 만드는 일' 을 하며 살아가는 것이 얼마나 황홀한 삶인지 온몸으로 보여주는 한비야씨를 손숙의 아주 특별한 인터뷰에서 만나보았습니다.

"한비야씨는 사람을 굉장히 기분 좋게 만들어주는 매력이 있는 것 같아요."

"제가 별명이 바람의 딸인데 사실 하고 싶은 것은 빛의 딸이에요. 따뜻하게 만들어주고 밝게 만들어주니까요. 그래서 제가 태양처럼 큰 빛은 못되더라도 손안에 든 작은 촛불이나 등불 정도라도 제가 가는 곳은 밝고 따뜻하게 해주고 싶어요. 그렇게 하면 기분이 무척 좋습니다."

"빛과 바람의 딸이군요! 얼마 전에도 어디 다녀오셨죠?"

"2,3일 전에 남아프리카 공화국에 다녀왔는데요. 그곳에서 전 세계 긴급구호 요원들이 모여서 올해에는 어디가 긴급구호 지역이고 어디를 잘 예의주시해서 봐야 하는지에 대해서 회의를 했습니다.

"올해는 어느 곳이 긴급구호 지역으로 되었는가요?"

"TV나 신문에서 재난에 대한 소개를 하지 않으면 세상이 잠잠한가 하는데, 그게 절대로 아니거든요. 예를 들면 쓰나미의 상처가 아직도 가시지 않고 있고요. 파키스탄 지진의 상처가 아직도 지속되고 있어요. 그래서 지금도 재난복구는 계속 진행되고 있고요. TV에서 보여주는 것은 그야말로 병원으로 보면 응급 수술실을 보여주는 것이라 금방 사고가 나서 피가 철철 흐르는 사람을 수술실로 데려와서 어떻게든 살려내는 거기까지만 보여주잖아요. 하지만 그 사람이 수술이 잘 끝나도 중환자실에 가야하고 재활의 과정을 거쳐서 스스로 살 수 있을 때까지 도와주는 기간이 얼마나 길어요. 지금 가장 문제가 되는 것은 지구 온난화 현상으로 특히 아프리카 지역의 가뭄과 홍수가 계속해서 이어지고 있어요. 가뭄이 계속 되었다가 조금만 비가 오면 홍수가 되고 홍수가 계속되었다가 조금만 비가 안 오면 가뭄이 되고. 그래서 그곳에 있는 아프리카 사람들은 아무리 일을 열심히 해도 입에 들어갈 식량이 없는 거예요. 그런데 보통 사람들이 그러잖아요. '아프리카는 밑 빠진 독에 물 붓는 것 아니냐', '아무리 도와줘도 끝이 없는 것 아니냐' 하는데 그 사람들도 사람이잖아요. 일단 태어났으면 적어도 굶어죽지는 말아야죠. **전 세계 60억 인구를 모두 뚱뚱하게 만들 수도 있는 식량이 있다는데, 한쪽에서는 누군가가 세상에 태어나서 굶어 죽는 현실이 너무 슬프고 안타까운 일인 것 같아요.** 그래서 당장 먹을 것이 필요한 사람들에게 식량을 나누어주는 일이 긴급구호 일이고요, 아프리카는 지금 당장 우리 구호의 손길이 필요한 곳입니다. 그래서 올해는 연말까지 아프리카를 왔다 갔다 하며 일을 해야 할 것 같아요.

"긴급 구호라는 게 뭡니까?"

"긴급 구호는 말 그대로 긴급하게 구호를 하는 것을 말합니다. 이를 보고 가끔 사람들이 '119구조대에 들어가셨다면서요?' 하고 말을 하기도 하데요. 호홋. 비슷하죠. 긴급하게 사람의 인명과 재산을 보호하는 거예요. 재산까지는 아니지만 어쨌든 생명을 보호해서 하루 빨리 일상으로 돌아가게 하는 거죠. 우리나라에서는 긴급구호라는 말을 쓰지만 다른 나라에서는 그냥 구호라고 해요. 그래서 구호에는 긴급구호가 있고 긴급한 게 끝나고 나면 재난 복구가 있고, 좀 전 말씀드렸듯이 병원으로 보면 긴급구호는 그야말로 응급수술실이에요. 예를 들어 교통사고가 났다, 재난이 난 거죠. 그러면 어떻게든 이 사람의 생명을 살려내고 그 다음에 살 수 있을 만큼 수술이 잘 되었다 하더라도 중환자실에 가야 하잖아요. 산소 호흡기를 꽂아야 하고 여러 가지 주사도 맞아야 하는데, 그 과정이 재난복구 작업이죠. 그 다음에는 회복하는데 시간이 더 많이 걸리잖아요. 혼자 이 사람이 어떻게 생계를 유지하거나 할 방법이 없잖아요. 그럴 때는 오랫동안 할 수 있는 개발 사업이 있어요. 하지만 이 사람들을 무작정 도와주는 것은 절대로 아니에요. 이분들이 살려고 하는 힘에 우리가 조금 힘을 보태는 거죠. 이분들이 펌프질을 하고 있으면 우리는 종자 물을 조금 갖고 가는 거예요. 아무리 펌프질을 열심히 한다해도 종자 물이 없으면 펌프에 물이 나오지 못하지요. 그래서 종자 물을 나누어주는 일을 하고 있는 게 긴급구호 요원들입니다.

"한마디로, 한비야 씨는 응급실의 팀장이네요."

"맞습니다. 그래서 48시간 응급대기조거든요. 만약에 오늘이라도 쓰나미라든지, 대형지진이 났다 하면 국제본부에서 출동명령이 떨어져요. 그러면 저는 본인 사망 이외에는 어떤 경우라도 가야 해요. 48시간 이내에 가는 게 우리의 일이에요. 그곳에 가서 긴급한 응급수술실 역할을 하는 거죠. 못 올 이유는 본인사망 하나예요."

"얼마나 대단한 일을 하고 있는 건지 새삼 느꼈는데, 긴급구호 팀장이 되신 배경이 궁금합니다."

"제가 명색이 바람의 딸로 전 세계를 7년간 바람처럼 왔다 갔다 했는데요, 정말 다행인 것은 저는 처음 여행을 떠날 때부터 유럽이라든지 잘 사는 곳에서 멋진 낭만 여행 같은 것은 하고 싶지 않았어요. 물론 그런 여행도 하고 싶지만 마음이 하얀 도화지 같아서 모든 것을 받아들일 수 있는 이렇게 젊은 나이에는 사람들이 무엇을 하는가, 무엇에 행복해하고 무엇을 힘들어하고, 어떻게 하면 같이 재미있게 살 수 있을까 그것을 가장 궁금했고 마음껏 담고 싶었어요. 그래서 유럽이나 미국이나 이렇게 멋있는 곳은 나중에 나이 들어서 가도 된다고 생각했고 다리에 힘이 있을 때, 그리고 이렇게 호기심에 부풀어 있을 때는 사람을 많이 만나는 여행을 해야겠다고 생각했는데 그게 바로 오지여행이었지요. 우리나라 여행도 마찬가지잖아요. 외국 사람이 우리나라에 왔는데 서울과 몇몇 좋은 곳만 왔다 갔다 하는 거랑 깊은 강원도 산골에 전기도 없는 곳에 가서 동네 사람들이 쪄 주는 감자나 옥수수를 먹으면서 할머니 할아버지하고 이야기를 나누는 것은 완전히 다른 여행이잖아요. 저는 두 번째 여행을 하고 싶었어요. 정말 사람들과 섞여서 여행을 하고 싶었는데요. 다행히 오지에 있는 사람들의 따뜻한 마음도 봤지만 무엇에 힘들어하는가도 보았어요. 예를 들면 너무나 절대적인 가난, 엊그제까지 너무나 잘 놀던 아이가 며칠 동안 설사를 하더니 그 아이가 스르르 죽어버렸어요. 어떻게 이럴 수가 있어요? 알고 보니 설사병이 나서 탈수가 된 거예요. 탈수가 돼서 탈수를 이기지 못하고 죽은 거예요. 사진만 찍으려고 하면 부끄러워서 혓바닥을 내미는데 까만 얼굴에 핑크색 혀가 얼마나 예쁜지 이름도 핑크 보이 원, 핑크 보이 투……, 핑크 보이 24번까지 만들어서 함께 놀았는데……. 갑자기 의성콜레라 같은 것이 돌면 2,3일 내에 그 동네에 조그만 무덤이 생기는 거예요. 그 아이들을 살릴 수 있는 것은 링거 한 병이에요. 그때 우리나라 환율이 1달러에 800백 원이었는데 링거 한 대 값이 800원이었어요. 생각해 보세요. 엊그제까지만 해도 재미있게 놀던 아이가 며칠 후에 설사 같은 시시한 병에 죽는데 800원이면 살릴 수 있었다는 거예요. 그때 제가 여행자였기 때문에 제 지갑에는 800원이 아니라 80만 원도 더 있었어요. 아이들을 예뻐하기만 했지 어떻게 살릴 줄은 몰랐던 거예요. 아이들에게 너무나 미안하기도 하고 속상하기도 하고 슬프기도 하고. 제가 국제 홍보학을 전공했는데 우리나라 사람들이 측은지심도 많고 인정도 많은 사람인데 이런 이야기를 하면 이 아이들을 도와줄 수 있는 사람들이 얼마나 많을까 생각했어요. 그래서 이 여행이 끝나고 나면 어떻게든 이 아이들을 돌보는 곳에서 일하고 싶다고 7년 여행 내내 아프리카를 보면서 그런 생각을 굳게 다지고 다지다가 지금은 제가 소원을 성취했잖아요. 월드비전이라는 국제구호기구의 팀장이 되었으니까요."

"처음 간 곳이 아프가니스탄이었군요. 그때 갔을 때 어땠어요?"

"저는 사람이 굶으면 배가 고프고 살이 빠진다고 생각했지, 굶으면 죽는다는 생각을 못했어요. 그것은 그냥 영화에만 나오고 소설책에 수사학적으로 나온다고 생각했죠. 그런데 정말 굶는 아이들을 보고 있으면 너무 기가 막혀요. 세상에는 음식이 충분히 있다고 하는데 이 아이들은 세상에 태어나서 병에 걸린 것도 아니고, 대단한 장애가 있는 것도 아니고, 그냥 밥만 먹으면 사는데 굶어서 죽어가는 거예요.

어느 날은 한 마을에 갔더니 시금치 같은 풀을 먹고 있어요. 삶아 놓은 것을 보니 꼭 시금치 같아요. 그런데 알고 보면 독초라서 그걸 먹으면 눈이 멀어요. 세상에 어느 엄마가 독초인 걸 알면서도 그걸 삶아서 아이한테 먹이겠어요. 저는 처음에 그걸 보고 이 엄마가 제정신인가 싶어서 손을 뿌리쳐 가면서 이거 독초라고 했더니 그 아줌마가 저를 물끄러미 쳐다보면서 뭐라고 하는지 아세요? 통역을 통해서 들은 말인데 '이것을 먹고 죽으나 안 먹고 죽으나 마찬가지' 라는 거예요. 이 아이가 시금치 같은 것을 먹어서 당장에 배가 부른 것이 안 먹고 고스란히 굶어 죽는 것보다 낫다는 거죠. 그래서 돌아오는 길에 통역하던 사람이 제 손을 꼭 잡고 눈물을 뚝뚝 흘리면서 오늘 본 것을 절대 잊지 말아달라고 하더라고요.

그 쪽 정부도 자국민을 어떻게든 살리고 싶지만 전쟁을 20년 동안이나 하니 나라가 돌아가지 않는 거죠. 차를 타고 그 모습들을 보면서 가는데 마음이 너무 무거웠어요. 우리나라 사람들에게 어떻게든 돈을 받아다가 밀가루를 사서 이 아이들을 살리고 싶은데 어떻게 이야기를 해야 하나, 내가 정말 유명했으면 좋겠다는 생각뿐이었어요. 내가 유명하면 무슨 말을 해도 사람들이 귀 기울일 거고, 도와줄 거고 그런 생각을 하면서 나오는데 마주 오던 차가 가뭄이니까 뿌연 연기를 날리면서 우리 차 옆을 지나가는 거예요. 먼지가 휘날리니까 갑자기 이런 생각이 들었어요. '아~저 먼지가 다 밀가루였으면…….' 7년째 일을 하고 있지만 맨 처음에 사람이 굶어 죽는 아프가니스탄의 참상을 잊을 수가 없고 지금도 그것은 제가 조금 마음이 느긋해지려고 할 때마다 긴장을 하게 되는 첫 번째 각인된 현장이에요."

"너무나 끔찍한 현장을 처음부터 본 거네요."

"지금 생각해 보면 왜 하나님이 이런 끔찍한 현장을 보게 하셨을까 정말 개인으로서는 괴로운 일이잖아요. 제가 씩씩하게 보여도 눈물이 굉장히 많아요. 하지만 현장에선 절대 울면 안 돼요. 제가 울면 현장 사람들한테 '긴급구호 팀장이 저렇게 울고 갔으니 반드시 우리에게 식량을 가져다줄 거다' 하는 기대를 주는 것이거든요. 그래도 그렇게 끔찍한 현장을 보고, 예쁜 아이들이 그 시금치 같은 독초를 먹느라 입 안이 다 퍼런 그 모습을 보고 어떻게 안 울 수 있겠어요. 텐트 뒤에 가서 실컷 울고 나오는 거죠. 하나님이 그런 마음을 주셔서 사람들에게 이야기할 때 조금이라도 아이들의 마음이 전해지는 것 같아 개인적으로는 괴롭지만 잘 된 일인 것 같아요."

"지금은 대부분이 모르지만 사실, 우리도 그런 시절을 겪었어요. 옛날에 보릿고개 때는 독초를 뜯어 먹기도 하고, 사람들이 죽기도 하고, 그게 50,60년대에 겪었던 일들이거든요."

"그래서 어른들에게 말씀드리면 금방 아세요. 그럼에도 불구하고 제가 월드비전에 다니면서 6년 동안 가장 많이 듣는 질문은 우리나라도 도울 사람 많은데 왜 외국사람까지 도와야 하느냐는 거였어요. 저도 42살까지는 그렇게 생각했어요. 우리나라에서 누굴 돕는다고 그러면 제 앞가림이나 잘하지 했는데, 알고 보니 그렇게 말하는 게 굉장히 민망한 얘기였더라고요. 왜냐하면 1950년부터 시작해서 1990년까지 40년 동안 정말 우리나라가 무지막지한 원조를 받았어요. 1960년도에는 해외 원조가 보건복지부 예산의 3배가 넘은 적도 있어요. 전 세계에서 아프리카가 가장 많은 원조를 받은 것 같지만 절대 아니에요. 우리나라가 가장 많은 원조를 받았대요.

다행히 1991년부터 해외 원조를 완전히 끊고 우리가 도와주는 나라가 되었잖아요. 그런데 도와주는 나라가 됐는데도 한편에서는 그런 냉소적인 이야기들이 있는 거죠.

그러면 한번 생각을 해 보세요. 1988년 올림픽을 번쩍번쩍하게 치르고 OECD(경제협력개발기구)라는 선진국 회원에 가입할 때도 사실은 다른 나라 아이들이 열심히 채운 저금통으로 우리나라 아이들 빵 사주고 다른 나라 할머니들의 손 때묻은 돈을 가지고 우리나라 할머니들의 옷을 사줬다는 얘기에요. 그러면 1990년도까지 우리나라를 도와줬던 그 나라들은 도울 사람 한 명도 없었을까요? 분명히 아닐 겁니다. 세계 경제 대국 12위, 13위를 하는 나라가 돈이 없어서 다른 나라를 도와줄 수 없다는 것은 말이 안 되죠."

"월드비전이라는 것이 처음 우리나라 때문에 생겼다고요? 처음

듣는 이야기네요.”

“저도 깜짝 놀랐어요. 긴급구호를 해야겠다, 난민구호를 해야겠다고 생각하는데 어느 날 전화가 왔어요. 월드비전 회장님이세요. 저는 월드비전이라고 해서 안경가게인 줄 알았어요. 국제 선글라스 프랜차이즈가 생겼는데 나보고 홍보해달라고 하는구나 했죠. 나중에 회장님을 만나서 명함을 주고받을 때 보니까 그 명함에 있는 로고가 전 세계에 다니면서 수없이 본 거였어요. 특히 아프리카에 그 로고가 보이는 동네 사람들은 사는 거예요. 똑같은 동네라 하더라도 월드비전이 간 곳은 살고, 가지 못한 곳은 살지 못하는 거죠. 우리는 민간단체이다 보니 인원과 자원이 한정되어 있어서 둘 중에서 한 곳만 골라야 하잖아요, 그게 얼마나 괴로운 일인데요. 거의 사정은 비슷해도 둘 중의 하나만 도울 수 있어요. 월드비전은 1950년에, 우리나라의 수많은 전쟁고아와 미망인을 돕기 위해서 한경직 목사님이 한국에서 그 사업을 하시고 피어슨 목사님이라고 미국 목사님이 동네나 교회에 가셔서 돈을 걷어서 만든 단체에요. 그 조그만 긴급구호팀으로 생겨난 것이 지금은 무럭무럭 자라서 전 세계에 100여 곳의 사무실이 있고요, 전 세계 60억 인구 중에서 1억 명을 돌보는 세계 최대의 기독교 민간단체가 됐지요.”

“그때 그 수혜를 받은 우리나라의 한비야씨가 이제는 월드비전의 긴급구호의 팀장이 됐다, 이건 정말 대단한 일이네요.”

“외부에 나가면 그게 자랑거리에요. 한국에서 월드비전 왔다고 하면 당신들이 우리의 희망이라고 해요. 한 세대만 열심히 도와주면 저렇게 남을 돕는 나라가 되는구나 하면서요."

"정말 열정적으로 삶을 사는 모습 보면 살기 싫다고 생각하는 사람도 기운이 날 것 같아요."

"삶은 하나님의 선물이잖아요. 그런데 이것을 99℃까지만 끓이는 것은 너무 아까워요. 99℃도 뜨겁지만 100℃가 되어야 끓잖아요. 그러니까 100℃를 끓이는 삶을 살고 싶어요."

"어릴 때부터 그랬어요?"

"어릴 때부터 그런 걸 보면 하나님이 저를 그렇게 만드신 것 같아요. 제가 3녀 1남 중의 셋째 딸이거든요. 우리 큰 언니, 작은 언니는 너무 예쁜 공주이고 어머니는 왕비셨어요. 아버지와 나와 내 동생은 머슴과였죠. 우리 언니들이 예쁘게 공주처럼 생겨가지고 새침해서 잘 안 하는 심부름을 제가 도맡아서 했어요. 사람들이 칭찬할 때, 첫째 딸, 둘째 딸 너무 미인이다 했다가 셋째 딸인 절 보면 참 똘똘하게 생겼다 그랬거든요.

엄마 아빠는 누군가를 심부름을 시켜야 하는데 저를 시키려고 매일 칭찬하시는 거예요. 셋째가 제일 잘한다, 발 빠른 거 봐라, 그러면 저는 신이 나가지고 심부름을 하는 거예요. 후후훗.

또, 예전에는 전화가 많지 않았잖아요. 동네에 청색 전화기가 하나 있는데 아버지가 신문사 기자이셨기때문에 비상 연락하느라 집에 전화가 있었어요. 그 전화가 동네 전화였던 셈이라 그리로 연락이 다 오잖아요.

제 첫 번째 NGO(non-governmental organization : 비정부기구의 약

자)활동이 전화통문 돌리는 거였어요. 누구네 집 아들 낳았대요, 누구네 집 대학교 붙었대요, 누군가 돌아가시면 내가 잘못한 것처럼 모기만한 목소리로 돌아 가셨다는데요……. 언니들은 너무 예뻤지만 셋이 지나가면 동네 사람들이 제일 저를 반가워하시고 저한테 뭐라도 주려고 하시고 그랬답니다. 호호호."

"그때부터 무엇이든 호기심이 많았어요?"

"궁금한 게 있으면 못 참고 지나가다가도 물어봐야 했어요. 우리 동네에 갑자기 외국인이 나타나잖아요. 저 사람은 흑인인데 이가 왜 저렇게 하얀가, 눈동자는 왜 파란가 하던 일을 멈추고 막 쫓아가요. 쫓아가면서 한국말로 '아저씨 나 파랗게 보여요?' 열 살도 안 된 꼬마인 내가 하도 동네에서 멀리 가고 그러니까 경찰서에도 많이 왔다 갔다 했어요. 새로운 길을 가다 보면 길을 잃어버리고 그러면 경찰서에 들어가서 '아저씨, 나 길 잃어 버렸어요.' 우리 집 전화번호 대서 엄마가 데리러 오시고. 엄마는 매일 당하는 일이니까 그러려니 하셨어요.

그리고 어렸을 때 이사를 많이 다녔는데 동네를 맨 처음 가면 도대체 어디에 뭐가 있는지 상황을 파악해야 했어요. 동네 한 바퀴를 다 돌고 나면 한 이틀이면 멋있는 지도가 나와요. 그리고 엄마한테 갖다 바쳤죠. 그게 바로 지도에요. 세탁소는 어디 있고 만화방은 어디 있고 뭐는 어디에 있고. 하도 동네 지도를 그려서 별명이 여자 김정호였죠."

"저도 잠시 해외에서 산 적이 있는데 가장 재미있었던 게 안 가

본 골목을 가면 새로운 어떤 게 있잖아요. 전혀 없을 것 같았는데 예쁜 가게가 있다던가, 이 골목으로 잘못 들어왔는데 돌다 보면 연결이 되고 다시 골목으로 들어온다든가 이런 경험은 매우 신기했던 거 같아요."

"여행이야기를 하자면, 여행은 가이드북이 시키는 대로 하면 틀림은 없어요. 돈과 시간도 절약되지만 갔다 오고 나면 뭔가 시키는 대로 했다는 찜찜함이 생기고 추억이 많지 않아요. 그런데 약도 하나 가지고 정보도 약간밖에 없는 곳에서 틀린 길로 갔다가 좀 고생도 하다가 아닌 길로 갔다가 돌아서도 왔다가 그런 게 모이고 쌓여서 아주 멋진 경험이 되는 것 같아요. 골목에 들어갔다가 무서우면 나오면 되잖아요. 들어가 보지도 않고 저 골목 무서우면 어떡하나 하는데 발 달렸으니 가보면 되잖아요. 갔다가 이상하면 나오면 되고요. 길은 다 뚫리게 되어 있어요."

"대학을 늦게 들어가신 이유가 있나요?"

"고등학교 때 공부 잘하기도 했고 또 열심히 했어요. 중학교 때 아버지가 돌아가셨는데, 아버지 없이 4형제가 사는 게 그리 녹록하지 않잖아요. 그럼에도 불구하고 아버지가 안 계시니까 더 열심히 공부해야겠다고 생각했었어요. 그런데 이름만 똑바로 쓰면 들어간다던 대학을 떨어지고 나서는 바로 동생이 대학을 준비했기 때문에 공부를 할 수가 없었어요.

그래서 그 사이에 여러 가지 아르바이트를 했어요. 알고 보면 그것이 인생의 디딤돌이 되었지만 그때는 하늘이 무너진 줄 알았어요. 왜냐하면 대학을 안가는 삶을 한 번도 설계해 본 적이 없었거든요. 저는 당연히 고등학교를 졸업하고 대학교를 간다는 쪽으로 설계를 해 놨지 대학을 떨어진 이후의 어떤 길도 생각해 본 적이 없었기 때문에 너무나 막막하고 인생의 낙오자 같았죠. 18살, 19살에 완전히 패배자라는 생각에 빠져서 이걸 어떻게 딛고 일어서나 저도 굉장히 헤맸어요.

그래서 제주도에 가서 마음을 달래겠다고 가출을 했어요. 당시에는 졸업하면 고등학교 때 모았던 저금을 주는 게 있었는데 금액이 꽤 됐었어요. 그래서 엄마에게 장문의 편지를 써놓고 목포까지 밤기차를 타고 배를 타고 제주도를 갔지요. 물론 부산에 무조건 우리를 전폭적으로 지지해 주는, 제가 엉뚱한 짓은 해도 허튼짓은 안 한다고 믿어주는 이모가 계셔서 매일 매일 이모에게 보고는 했어요. 그렇게 자전거로 제주도를 한 바퀴 돌고 2주일 만에 왔는데요, 1주일 만에 왔으면 저는 다리몽둥이가 부러졌을 거예요. 우리 엄마가 좀 무섭거든요. 그런데 2주일 만에 오니까 와 줘서 고맙다고 하시더라고요. 그래서 그 때부터는 사전 허가제가 아니라 보고제로 바뀌었어요. 호호. 제 어깨에 날개가 달린 거죠."

"그래서 아르바이트를 하느라고 대학을 늦게 가셨군요."

"아르바이트를 하고 공부도 해야 하고 돈도 모아야 하는데 아르바이트가 굉장히 많았어요. 왜냐하면 그때 제가 학비만 모으는 것이 아니라 생활비도 보태야 했거든요. 일단 고등학교를 졸업했고, 아버지가 안 계시니 제 몫이라는 게 있었어요. 동생도 공부한다고 그러죠. 소녀가장이라고는 할 수 없지만 언니들 틈에서 삼분의 일은 한 거죠.

그런데 억울한 게 뭐냐 하면 뭘 해도 반값인 거예요. 과외를 해도 고등학교 졸업이라고 반값, 초벌번역을 해도 반값, 제가 워낙 클래식을 좋아해서 클래식 다방 DJ일도 했는데, 그걸 해도 반값. 무조건 고졸이기 때문에 반값이었어요. 고졸 디스카운트라는 게 이런 거구나 생각을 하면서 안 되겠다 싶어서 대학을 가기로 결심을 하고 6년 만에 입학 장학생으로 대학에 들어갔지요."

"옛 일을 거울삼아 올해 대학교 떨어져서 속상해 하는 학생들에게 한마디만 해주세요."

"절대로 절망하지 마세요. 인생을 전, 후반전이 있는 축구로 놓고 90분으로 삶을 본다면 전반전 45살, 후반전 45살이에요. 지금 고등학교 학생들, 대학을 떨어져서 우울하게 지내는 사람은 많아 봐야 전반전 18,19분을 뛰고 있는 거예요. 골이 한 골 들어간 거죠. 골 한 골 들어갔다고 이제 게임 그만하라는 축구 보셨어요? 그런 축구는 있지도 않아요. 시간은 얼마든지 있어요. 한 골 만회할 수 있는 시간은 전반에 얼마든지 있고요, 후반부에도 얼마든지 있는 거예요. 골을 넣고 만회하고 하는 것은 앞으로 여러분이 어떻게 할 것인가에 달려 있어요. 그 1년, 2년이 어렵게 느껴질 거예요. 당연히 어렵게 느껴지죠. 왜냐하면 그 이후를 생각해 보지 않았으니까요. 지금부터 곰곰이 생각해보면 돼요. 내가 이 골 먹은 것을 어떻게 만회를 하고 이 축구를 앞으로 어떻게 아름답고 멋진 페어플레이를 하면서 내 기량을 충분히 발휘하게 할 것인가는 지금부터 여러분이 어떤 생각을 하고 어떤 고민을 하는가에 달렸어요."

"어릴 때부터 그렇게 말도 잘하고 글도 잘 썼어요? 책도 많이 읽는 편이시죠?"

"저는 정말 말을 잘하고 싶고 글도 잘 쓰고 싶어요. 아버지가 주신 문화적 유산 중에서 내 인생을 풍요롭게 만든 것이 책 읽는 습관이에요. 아버지 서가의 영어 책, 일본어 책을 보면서 아버지가 너무 존경스러웠어요. 가나다라로 쓰여 있는 한국말도 아니고 영어랑 일본 책을 우리 아버지가 읽는다는 사실이 너무 멋졌어요.

또 아버지의 독서 습관이 여백에 뭔가를 써 놓고 밑줄도 치셨어요. 그러니까 적극적인 독서를 하시는 분이었죠. 그게 너무 탐이 나는 거예요. 그래서 지금 저도 그래요. 밑줄 치고 옆에 뭐라고 쓰고, 그리고 다 읽고 나면 맨 뒷장에 독후감을 써요. 책 읽고 나면 바로 한 페이지 심지어는 한 줄이라도 써요. 아버지가 하시는 걸 보고 굉장히 샘이 나서, 나도 어른이 되면 저렇게 해야지 한 것이 다행히 몸에 베어 지금까지 오게 됐는데요, 그게 삶을 얼마나 풍요롭게 하는지 몰라요.

또 하나는 메모하는 습관인데 지금도 여행 다니면서 메모를 하거든요. 아프가니스탄에서 저 날리는 먼지가 밀가루였으면 하는 것은요 적어놓지 않으면 다 잊어버려요. 그 상세한 것을 어떻게 다 기억하겠어요. 그런 생각이 났을 때 마음의 디지털 카메라로 찍어놓지 않으면 이미지만 남지 디테일한 것은 다 잊어버려요. 저는 침대 밑에 화이트보드 같은 것을 놔요. 그때만 느낄 수 있는 것을 잊어버리면 너무 아깝잖아요. 잊어버리면 없어지는 거니까요."

"대학교 졸업하시고 그 이후에 미국유학을 가신 거예요?"

"양부모님이 계시는데 어렸을 때 입양해서 키워주신 게 아니고 정신적으로 무조건 저를 지지하는 부모님이 계세요. 미국분인데 한국에서 근무하셨어요. 클래식 다방 디제이를 한 이유가 판을 한번 올려놓으면 한 20, 30분은 돌아가니까 거기서 공부하는 거예요.

그때 손님 중 쟤가 왜 저렇게 공부를 열심히 하나 유심히 보다가 우연히 말을 나눌 수 있게 되었는데, 그 당시에는 서울대학교가 다른 곳보다 학비가 굉장히 싸서 스스로 학비를 벌어서 그곳을 가지 않으면 대학을 진학할 수 없기 때문에 그걸 목표로 공부를 하고 있다 이야기했죠.

그러고 나서 몇 달이 지났어요. 그분들도 아이들이 4명이나 있는데 어느 날 저한테 진지하게 보자고 하시는 거예요. 시험 볼 때가 다가왔는데, 네가 만약 국립대에 갈 성적이 안 된다거나 떨어지면 어떻게 할 거냐 하셔서 전 그러면 학교를 못 갑니다 했어요. 그랬더니 손을 잡으시면서 절대로 그런 생각을 하지 말라고 하시는 거예요. 네가 얼마나 공부를 열심히 하는지 몇 달 동안 우리가 쭉 지켜봤으니 네가 만약 원하는 대학에 갈 수 없는 성적이 나와도 꼭 네가 가고 싶은 과를 가라, 학비는 우리가 대 주겠다, 그리고 이건 투자다 이러는 거예요.

생각해 보면 그 분들도 아이들이 있고, 저도 잘 모르는 사람이고,

제가 할 수 있는 일인데 다른 사람한테 도움을 청하는 것은 제 자존심도 있고 해서 알겠다고만 대답했죠. 그런데 홍익대학교 영문과를 들어가고 특별 장학생이 되어서 4년간 학비가 면제가 된 거예요. 그러니까 그 분들이 굉장히 기뻐하시면서 그래도 나는 너에게 투자하고 싶다면서 대학원을 말씀하셨어요. 그분 집이 미국 유타 주에 있어서 유타대학으로 진학을 했지요."

"정말 운이 좋은 것 같아요. 열심히 하니까 운이 따라오는 거겠지요. 하늘은 스스로 돕는 자를 돕는다는 말이 생각납니다."

"열심히 하는 사람들이 얼마나 많아요. 정말 이건 하나님의 은총이에요. 저만큼 열심히 하는 사람들은 얼마든지 있어요. 그런데 하나님이 어떻게 하든지 저를 쓰시려고 그렇게 하신 게 아닌 가해요. 양부모님이 지금도 살아 계세요. 여름에는 알래스카에 계시고 겨울에는 유타에 계시는데 얼마나 뻐기시는지 몰라요. 한국 사람이 지나가면 '너 비야 한 아냐?' 고 물어보신대요. 안다고 하면 내 딸이다 그러고 모른다고 하면 '넌 책도 안 읽느냐' 고 하고. 정말 그분들께 자랑스러운 딸이 되고 싶어요."

"세계 일주의 꿈은 대학에 들어갈 때부터 갖고 있었어요?"

"어렸을 때, 여자 김정호라고 불릴 때부터의 꿈이었어요. 세계지도를 보며 걸어서 한 바퀴 돌아야 겠다고 결심했죠. 대륙이 다 붙어 있잖아요. 우리는 발이 있으니 걸을 수 있지 않을까 생각했어요. 아주 어릴 때 친구들한테 이야기하면 깜짝 놀라요. 그러면 나는 그 친구들보고 더 깜짝 놀라죠. 지구가 붙어 있는데 걸어가는 게 놀랠 일인가?

그런데 삼박자가 다 맞아야 하는 거잖아요. 돈도 있어야 하고 건강도 있어야 하고 시간도 있어야 하고. 유타 대학에서 3년 동안 국제홍보학을 전공한 이후에 한국에 돌아와서 홍보회사를 3년간 다녔어요. 35살 나이도 젊죠, 3년간 돈 모았으니 돈도 있죠, 회사 그만두면 시간 있는 거잖아요. 그래서 회사를 그만두고 바로 세계 일주를 떠났어요. 원래는 여행을 3년 갈 생각이었는데 다니다 보니 시간이 많이 걸려서 7년 걸렸어요."

"처음에 어떤 계획을 세우셨는지가 궁금해요."

"처음 계획은 오대양 육대주 대륙을 일단 걸어서 가야 하니까 첫 번째는 일단 비행기를 타지 않는다, 물론 한 대륙에서 대륙은 비행기를 타지만 대륙 안에서는 비행기를 타지 않는다. 두 번째는 오지로 다닌다. 세 번째는 한 곳에 가면 적어도 한 달 이상 그 나라에서 제대로 본다 이거였어요. 또 세상에 높은 산, 제가 가보고 싶은 산은 초반부에 힘 있을 때 많이 가두자. 그래서 첫 번째로 간 곳이 네팔이에요. 저는 아장아장 걸음마 할 때부터 산에 다녔어요. 언니들인 두 공주는 산에 안 가거든요. 우리 아버지가 산을 굉장히 좋아하셨는데, 왕비와 공주 둘은 집에 계시고, 혹시 저도 산에 안 다닐까 봐 걸음마 할 때부터 저를 산에 데리고 다니셨어요. 아장아장 걷는 아이가 산에 왔으니 얼마나 사람들이 잘한다, 잘한다 했겠어요. 신이 나서 산(山) 사람처럼 왔다 갔다 했죠. 제가 받은 칭찬의 80%는 산에서 다 받았고 저를 키운 8할이 산이에요. 지금도 목요일과 토

요일에 산에 가고 일요일에는 사람들이 내려올 쯤에 또 가요.”

“그럼 네팔에서는 에베레스트를 가신 거예요?”

“에베레스트를 끝까지 올라가지는 않았지만 일단 길게 트래킹을 하고 싶었어요. 지리산 3박 4일이 성에 안 차는 거예요. 더 걷고 싶은 거예요. 노고단 갔다가 천왕봉을 내려오죠. 그럼 다시 돌아가고 싶어요. 정말 지치도록 걷고 싶은데 3박 4일 갖고는 모자라요. 그때는 네팔에서는 한 달 비자밖에 안 나와서 한 달 비자 받자마자 첫날 트래킹 회사에 가서 수속하고 다음 날 떠나서 27일 동안 산에 있었어요. 이 트래킹 코스하고 저 트래킹 코스하고 이어서 계속 했죠. 포터(porter)랑 같이 갔는데 네팔은 워낙 트래킹 코스가 좋아서 하루거리에 잘 수 있는 곳이 있어요. 그곳에서 밥도 먹고 잠도 자고 정보도 주고받고 하면서 이십 며칠 동안 계속 걷기만 했어요. 제일 좋았던 게 실컷 걸었다는 거예요. 해발 5천 미터까지 올라갔어요. 베이스캠프가 4천 내지 5천 미터 정도에 있으니까요.”

“고산 공포증은 없었어요?”

“한국에서는 2천 미터 정도밖에 되지 않으니까 고산증이 없었는데 네팔에서 뭣도 모르고 한국에서처럼 왔다 갔다 하니 고산증이 나죠. 무척 추운데도 안에서 열이 나서 옷을 벗고 다 토하고 어지럽고 그럴 때는 빨리 내려와야 해요. 포터가 저를 업고 몇 날 며칠을 다녔어요. 너무너무 고마웠죠.”

“여자 혼자서 오지를 걸어 다닌다는 게 쉽지 않은데 겁이 없으신 편인가요?”

"생각보다 안 위험해요. 예를 들면 다른 나라 사람들은 한국이 얼마나 위험하다고 그러는데요. 다른 나라 외국 상사들이 우리나라에 와서 지켜야 하는 수칙 같은 거 보신 적 있으세요? 너무 기가 막혀요. 우리나라는 다 우범지역이고 물도 먹지 마라, 재래 시장에서는 소매치기 조심해라, 음식 아무거나 먹지 마라, 길거리 음식은 절대로 사먹지 마라 등등 우리나라 지침이 그래요. 다른 나라를 볼 때도 마찬가지죠. 물론 상식적으로 조심해야 할 것은 있죠. 뉴욕의 밤거리를 해가 진 다음에 간다든지 이런 것은 아니겠지만 여기서 걱정하는 것처럼 대단히 위험하거나 어렵거나 못하거나 그러지는 않아요. 다른 나라 여자들은 혼자서도 얼마든지 다니는데 우리나라 여자들이 왜 못 다니겠어요? 우리나라 여자들이 훨씬 더 영리하고 지혜롭고 사리분별이 밝아서 여행을 다니면 굉장히 사랑받아요."

"음식은 어떻게 했어요? 다 현지 음식을 먹었나요?"

"식성이 좋아요. 저는요 혓바닥에서 조미료가 따로 나와요. 호호홋. 그래서 뭐든지 먹으면 맛있어요. 그리고 현지 음식을 먹어야 제일 싸요. 왜냐하면 그 동네 사람들이 먹는 게 제일 싸니까요. "

"여행가서 현지인들과 제일 빨리 친해질 수 있는 방법이 뭔가요?"

"바로 그 나라 음식을 먹는 거죠. 예를 들어 우리나라에 누가 왔어요. 한식을 차려줬는데 김치를 보고 찡그린다거나 아니면 된장찌개를 보고 이게 무슨 냄새냐 하는 것은 맛이 없다고는 할 수 있어도 그걸 보고 찡그린다거나 하면 대접은 해 주겠지만 그 친구한테는

정이 안 가죠. 5천 년 동안 수천 만 명이 먹고 있는 우리 음식인데 아무 것도 아닌 것처럼 하는 것은 싫잖아요. 그 나라 사람들도 마찬가지죠. 그 대신 조금 비위가 상하는 것도 있어요. 향료나 음식의 재료도 그렇고, 부화하지 않은 달걀은 그 안에 병아리가 있는 것을 그대로 삶아서 먹잖아요. 여기 있는 사람들도 먹는데 뭘 하면서 그러려니 하죠."

"처음에 몇 개국을 다니신 거예요?"

"지금까지 다 합해서 98개국이에요. 첫 여행 네팔부터 시작해서는 7년 동안 65개국이었고요. 아프리카 대륙 1년 반 정도 끝나면 집에 와서 옷 갈아입고 일주일 정도 쉬면서 산에 가요."

"그렇게 7년을 다니시면서 가장 위험했던 순간은 언제에요?"

"그때 딱 맞닥뜨려서 '위험했다' 이런 순간도 있었지만 나중에 생각해 보니 등골이 오싹 한 적이 있었어요. 파키스탄의 빙하지역을 가는데 빙하가 무척 미끄럽거든요. 낭가파르바트 꼭대기까지는 갈 수 없지만 베이스캠프가 5천 5백 미터 정도에 있는 곳이었어요. 4천 미터 정도까지 빙하가 나타나는데 크레바스(눈에 묻힌 계곡이나 빙하의 갈라진 틈)가 있어요. 빙하가 갈라진 곳이라 굉장히 위험한 곳인데요, 아무리 살살 가다가도 밑을 내려다보면 무섭잖아요. 그런데 살살 가다가 어딘가에 발이 걸렸어요. 발이 앞으로 안 나가는데 누군가 뒤에서 목덜미를 확 잡아끌었어요. 숨이 콱 막히더라고요. 그래서 뒤로 넘어졌어요. 뒤에 누가 있나 봤지만 아무도 없었어요. 나중에 알고 보니 제 발이 걸린 곳이 굉장히 깊은 크레바스였어요. 발만 디뎌서 각도 0.1도만 앞으로 기울어져도, 내가 앞에 무거운 짐을 지고만 있었어도 앞으로 고꾸라지면 헤어 나올 수 없는 크레바스가 있었던 거예요. 뒤에서 누군가가 목덜미 뒤를 확 잡아당겼을 때 제 뒤에는 사람이고 뭐고 아무도 없었고 우리 일행은 저 뒤에 있었거든요. 그 손길은 하나님이라고 밖에는 설명할 수가 없어요."

"사람 때문에 무서웠던 적은 없었어요?"

"사람이 제일 무섭죠. 그래서 가스총 같은 거 갖고 다녀요. 사실 가스총이 총이 아니라 농축된 후춧가루에요. 기침을 하거나 눈을 못 떠서 혼미해 있을 때 도망가는 건데 피해갈 만큼의 시간을 버는 거죠. 원숭이한테 가스총을 써 본 적도 있어요. 원숭이들이 얼마나 못됐는지 여자들을 깔봐요. 하등동물들이 원래 여자들을 깔봐요. 정글이나 캄보디아의 앙코르와트 같은 곳에 원숭이들이 많거든요. 여자들이 지나가면 치마를 들치거나 덤벼들어요. 조그만 아이거나 할아버지라도 남자를 뒤에 데리고 오면 슬슬 피해요. 원숭이들이 무서운 게 야생이니까 광견병이 있을 수도 있거든요. 포악하게 달려드는 원숭이가 있었는데 손에 있는 걸 다 뺏어가는 날강도 같아요. 그래서 바나나라도 원숭이한테 뺏기고 나면 분하더라고요. 그래서 한번 가스총을 쐈더니 깩깩거리면서 도망가더라고요."

"잊지 못할 사람이나 추억이 있다면요?"

"가장 잊지 못할 사람은 아프가니스탄에서 만난 아이, 그 아이가 긴급구호 일을 하게 만든 거죠. 그때는 아프가니스탄의 난민촌에

여행으로 갔는데 아이들이 굉장히 반가워하는 거예요. 아이들은 '브루카' 라는 것을 뒤집어쓰고 다니는데 외국 사람들도 스카프를 쓰고 다니지만 이렇게 얼굴이 동글납작한 사람을 본 적이 없는 거예요. TV도, 신문도 아무것도 없는데 직접 이렇게 보니까 아이들이 얼마나 호기심이 강하겠어요? 제가 들어가니까 아이들이 구름처럼 모여들어요. 그런데 아이들의 얼굴이 얼마나 밝은지 몰라요. 중동의 아이들과 노는 게 참 쉬워요. 남자 아이들한테 이름이 '후세인' 손들어봐라 하면 반쯤 손들어요. '아라파트' 손들어 봐라 하면 나머지 반이에요. 우리가 알고 있는 중동 지도자들의 이름을 대면 저 아줌마가 내 이름을 어떻게 알고 있나 하면서 손들어요. 이름이 몇 개 안 되는 것 같아요. 마하메트, 모하메트……. 그런데도 손 안 드는 아이들한테는 '빈 라덴' 이냐 하면 깜짝 놀라요. 여자 아이들은 더 쉬워요. 제일 많은 아이가 '미리암' 이었어요. '미리암' 이 성경에서 '마리아' 에요. '미리암' 손들어보라고 했더니 삼분의 이는 드는 것 같아요. 우리나라 사람들 열 명 모아놓고 '김' 씨 손들어봐라 하면 드는 것처럼요.

또, 아프가니스탄에서 태권도가 굉장히 인기였는데 그때도 그 오지 마을의 아이들이 태권도라는 말은 모르지만 동양에서 온 사람들이 무술을 한다는 걸 알아요. 아무거나 동작을 하나 보여주면 자기들끼리 그중에서 제일 못하는 애가 사범이 돼서 가르치곤 해요. 여자 아이들한테는 삼색 볼펜을 가지고 꽃반지를 그려주면 얼마나 좋아하는지 몰라요. 별 무늬, 다이아몬드 무늬, 정말 예쁜 아이한테는 시계를 그려줘요, 9시 5분. 호호. 어떤 아이는 제 손을 놓치면 다시는 못 잡으니까 끝까지 제 손을 잡고 있다가 그 자리에서 오줌을 싼 아이도 있어요. 부모님들도 즐거워하지만 탈레반이 외국인과 놀다 가면 얼마나 괴롭힐까 이런 생각에 아줌마들은 제가 그만 갔으면 좋겠다는 눈빛을 보내요. 저도 눈치가 있죠. 제가 그때 아이들하고 이야기할 수 있었던 게 뭐냐면 이란에서 한 달 반 동안 여행을 했기 때문에 '파르시'(페르시아 인들을 의미함)라는 페르시아어를 어느 정도 할 수 있었어요. 그곳은 국경이기 때문에 페르시아 말들을 해요. 그래서 알고 있는 단어들을 총동원해서 제스처를 해 가면서 떠나기 전에 아이들하고 이야기를 하는 거예요. '너희들 전쟁 끝나기 전에 죽으면 죽을 줄 알아' 그랬더니 아이들이 알았대요. '너희들이 정말 천 원짜리 시시한 병에 걸려서 죽으면 줄을 줄 알아' 그랬더니 또 알았대요. 너희들이 그 약속만 지키면 이곳 전쟁이 끝나면 꼭 돌아온다고 했더니 알았대요. 아이들이 알았다는 말을 어떻게 하냐면 '발레오' 하면서 오른쪽으로 고개를 살짝 돌려요. 한 번 상상을 해 보세요. 50명 정도 되는 아이들이 '너희들, 전쟁 끝나기 전에 죽으면 죽을 줄 알아' 하면 활짝 웃으면서 전부 다 갈대가 한꺼번에 살짝 꺾이듯이 '발레오' 하는 그 모습에 마음이 정말 뭉클한 거예요. 그 아이들이 정말 나하고 안 죽겠다고 약속을 하는 것 같아요.

전쟁이 끝나면 꼭 돌아올게 하며 돌아서는데 어떤 꼬마 여자 아이가 저한테 '비야' 이러는 거예요. 제 이름이 아니라 페르시아 말로 '여보세요' 라는 뜻이에요. 이 아이가 지뢰를 밟아서 팔도 없고 다리도 없는데 수줍게 무언가를 전하는 거예요. 너무 예쁜 아이인데, 저한테 빵을 주는 거예요. 그 빵은 난민촌의 빵이에요. 난민촌의 빵이라는 건 언제 다시 생길지도 모르는 빵이에요. 이 아이가 먹어야 하는 빵인데, 저는 사실 망설였어요. 이 빵을 먹고 이 아이들을 기분 좋게 해주는 게 좋을까 아니면 이 아이들이 이 빵을 먹고 배가 부른 것이 좋을까 생각했어요. 그리고 나서 '고마워' 하고 베어 물었어요. 그랬더니 아이들이 얼마나 좋아하는지 덩실덩실 어깨춤을 추는 거예요. 그때 이 난민촌 아이들 돌보는 일을 하게만 해주시면 저의 어떤 것도 아끼지 않겠다고 소원을 빌었어요.

그런데 제가 월드비전 긴급구호 팀장이 되어서 첫 번째로 파견된 곳이 바로 그곳에요. 아프가니스탄 헤라트 난민촌을 찾아갔는데 아이들을 한 명도 못 만났어요. 개인 난민촌이기 때문에 기록은 없었지만 아이들이 약속을 지키고 살아남아서 자기 고향으로 돌아갔기를 바라요. 난 내 약속을 지켰으니까 그 아이들도 약속을 지켰기를 바랍니다. 그래서 제가 '바람의 딸 걸어서 지구를 세 바퀴 반' 첫 권을 그 아이에게 바쳤어요. '지도 밖으로 행군하라' 는 책에도 아프가니스탄 그 아이 이야기가 나오거든요. 그 아이 이야기를 10년 전에 쓰지 않았으면 '한비야씨는 이야기도 참 잘 엮는다, 소설도 참 잘 쓰시네.' 할 뻔했지요."

"약속을 잘 지켜서 정말 그 아이들이 지구를 위해서 뭔가 일을 할 수 있을 거예요. 한비야씨의 아름다운 소원이 이루어지기를 바랍니다. 지금까지 여행 이야기를 하느라 사실 중요한 것을 못 물어봤어요. 로맨스는 없었어요?"

"로맨스가 왜 없었겠어요? 호호호. 요즘 이야기만 한다면 현장에 가면 멋진 사람들이 많아요. 그리고 현장에서 사랑에 빠질 뻔한 적도 있어요. 그러나 사랑에 빠진 줄 알았는데 현장에서 무슨 일이 있었고 뭐가 부족하고 뭐를 더 해야 하고 이렇게 디브리핑을 하기 위해 방콕이나 싱가포르에서 만나면(현장에서 멋있던 사람이 정장을 하고 만난다거나 도시에서 만나면) 하나도 안 멋있어요. 현장에서 약간의 긴장감, 두려움, 불안감 그러면서도 해내겠다는 의지가, 그 사람이 매일 머리를 못 감는다거나 옷을 매일 똑같은 것을 입는다거나 그런 것은 전혀 상관없이 최전선의 긴장감이 멋있었던 것 같아요. 그 사람이 보기에 저도 마찬가지였을 거예요. 화장을 하고 예쁜 옷을 입은 한비야보다는 현장에서 쫓기고 무전기 들고 왔다 갔다 하는 한비야가 훨씬 멋있게 보였을 거예요. 그래서 방콕이나 싱가포르 등에서 국제회의가 많을 때는 만나기 전에는 굉장히 가슴이 뛰었는데 만나고 나서는 괜히 만났다 이런 생각을 두 번 했어요. 두 사람 정도……."

"긴급구호 팀장 이전에 여행 다닐 때는 없었어요?"

"여행 다닐 때는 많았죠. 그런데 이 사람을 만나서 여행을 접고 결혼을 한다든지 어딘가에 정착해서 산다든지 하는 것은 생각도 안 해 봤어요. 길 위의 사랑은 길 위의 사랑이라고 생각해요. 그리고 그 사람이 가는 길과 내가 가는 길이 다른데 어쨌든 만난 거잖아요. 만났을 때 충실하게 즐겁고 재미있고 풍요롭게 같이 여정을 보내고 길이 다르면 미련 없이 그 길을 가는 게 길 위에서의 여행자, 바람의 딸 식 사랑이 아닐까 생각해요. 물론 내가 정말 저 사람이다 딱 꽂힌 사람이 없어서 이런 말을 하는 건지도 모르죠. 그럼에도 불구하고 6,7년 동안 다니면서 마음에 드는 사람이 없었겠어요? 당연히 있었죠. 내가 좋다는 사람도 있었고 죽자 살자 쫓아다닌 사람도 있었고 결혼하자는 사람도 있었어요. 거의 외국 사람이었다는 게 저의 딜레마에요. 호호호."

"호홋, 결혼을 안 하실 생각은 아니잖아요?"

"지금도 사람을 찾고 있는 중이고 55살까지는 꼭 찾고 싶어요."

"어떤 사람을 원하세요?"

"일단은 저와 산에 같이 다녀야 해요. 제 꿈 중의 하나가 전 세계에 있는 대륙의 최고봉에 올라가는 거예요. 만약에 그 사람이 체력이 안 돼서 최고봉을 가지 못한다면 일단 베이스캠프까지만이라도 함께 가는 거예요.

그리고 책을 가까이하는 사람이었으면 좋겠어요. 책을 가까이 하는 순간부터는 이 세상에 심심하다는 단어는 없어지는 거잖아요. 그리고 지금의 저로서는 긴급구호 일을 똑같이 하는 사람보다는 긴급구호의 일을 이해하는 사람이었으면 해요. 만약 어딘가 정착해서 살려면 적어도 반 이상은 외국에서 일을 해야 하니까 이해를 해줄 수 있어야죠. 지금은 좀 바빠서 안 될 것도 같지만 일단 어떤 사람을 만나면 우선권이 달라지기 때문에 시간이 없어서 못 만나는 것은 아닌 거 같아요."

"한비야 씨의 '가슴 뛰는 일을 하라' 는 말에 너무 공감을 해요. 사랑도 가슴이 뛰어야 하잖아요."

"가슴이 뛰지 않으면 살아도 죽어있는 거죠. 어떤 일이 정말 내 가슴을 뛰게 하는지 매일 매일 곰곰이 생각해야 해요. 매일 가슴 뛰는 일을 하고 있는가, 하고 있지 않다면 가슴 뛰게 하기 위한 과정으로 가고 있는가, 지금 여기에서는 무엇을 해야 하는가를 곰곰이 생각하면 되죠."

"출간 된 책 7권이 전부 베스트셀러에요. 지금 중 · 고등학생들이 제일 많이 읽는 책이고 그 아이들이 한비야씨의 책을 통해서 꿈을 키우고 나누는 일에 동참하는 아름다운 일을 하고 있잖아요."

"그러니까 아이들이 얼마나 예쁜지 몰라요. 저랑 한나절만 아이들 많은 데로 다녀보면 반드시 저한테 돈 주는 아이들이 있어요. 사인해 달라는 것은 흔한 일이지만, 정말 조그마한 아이들이 주머니에 손을 넣어서 그 아이들한테는 엄마 또래인 저한테 '비야 언니', '비야 누나' 이러면서 5천 원도 주고 그래요. '너, 날 뭘 믿고 이 돈을 주냐' 그러면 '월드비전이잖아요' 쑥스럽게 이야기해요. '넌 한국에도 도울 사람 많은데 왜 외국 아이들 돕자고 돈을 내냐' 그러면 아이들이 '급한 사람 먼저 도와야죠.' 아이들이 알아요. 지금도 사인회를 하잖아요. 3시에 시작하면 11시부터 와서 기다리는 사람들은 중 · 고등학생들이에요. 이게 살 빼는 이야기에요, 예뻐지는 이야기예요, 아니면 남자의 마음을 사로잡는 이야기에요, 이건 외면하고 싶은 이야기, 우리가 다 같이 가면 얼마나 좋을까 하는 이야기인데 아이들이 정말 시간을 내서 읽고 설득돼서 후원하고 이러는 모습이 너무 예뻐요."

"어떤 학교에서는 단체로 읽고 한비야씨를 초청했다면서요?"

"전교생 670명이 독후감을 써서 저에게 보내고 초청을 했어요. 광주에 있는 상일중학교인데 아이들이 글씨로만 되어있는데 이렇게 재미있는 책은 처음이래요. 그리고 월드비전에서 사랑의 빵을 나누어주면 그냥 10원짜리로 채웠는데 이제는 100원짜리로 채워야겠다는 거예요. 또 어떤 아이들은 한비야 선생님도 우리 학교에 모셨으니 다음엔 부시 대통령도 모시겠다는 거예요. 자신감이 생긴 거죠. 그런 것에 일조를 했다는 것이 너무 기뻐요. 제가 병가 중이고 해서 못 올 줄 알았다가 나타나니까 600여 명의 아이들이 정말 한순간에 천장이 떠나갈 것 같이 환호를 하는데 어느 연예인이 온들 아이들이 그렇게 기뻐하겠어요. 제가 별 게 아니라 그 아이들이 원했던 저를 자기들 힘으로 초청했으니 얼마나 기뻤겠어요. 그 아이들은 이미 중 · 고등학교의 하얀 도화지에 세상은 정글의 법칙뿐만 아니라 학교에서는 무조건 1등을 해야 하고 먹거나 먹히거나 이기거나 지거나 이게 아니라, 물론 그런 분야도 있지만 많은 분야는 다 같이 가고 함께 가고 서로 돌보고 사랑을 주고받는 이런 사랑과 은혜의 법칙이 돌아가고 있다는 것을 잘 알고 있는 아이들에요."

"여행 다녀오고 월드비전 들어가기 전에 중국에 1년간 다녀오셨다는데 중국에는 왜 가신 거예요?"

"이런 말 하면 어떻게 생각할지 모르겠지만 저는요 중국어는 통일한국을 대비해서 반드시 필요하다고 생각했어요. 제가 인생의 목표 중에서 5개 국어를 꼭 하고 싶다는 생각을 했는데 그중에 하나가 중국어였어요.

지금은 영어, 중국어, 일어, 스페인어를 하죠. 일본어는 일본에서 조금 살면서 공부를 했고 중국어는 본격적으로 1년 동안 중국에서 학교 다니면서 공부를 했고요. 통일이 되기 전에 북한에서 대량으로 난민이 넘어와서 난민촌이 생긴다면 중국으로 넘어가지 어디로 넘어가겠어요. 그러면 난민촌 촌장을 중국말을 할 줄 아는 한국 사람이 되어야 하지 않겠는가 그렇게 생각했죠. 저는 지금도 긴급구호 현장에 가면 물자배분 담당을 하고 있는데, 난민촌 촌장은 소위 말하자면 승진의 사다리로 보면 전혀 다른 사다리에요. 직업군인으로 치자면 아무리 올라가 봤자 상사밖에 못 되는 거예요. 그건 대장으로 가는 길이 아니에요. 그럼 사람들이 왜 그게 하고 싶으냐고 물어봐요. 저는 이렇게 생각해요. 만약에 우리나라에서 난리가 났을 때 북한의 주민들에게 식량을 배분해야 하는데 식량 배분을 하는 총책임자가 미국 사람이었으면 좋겠어요, 영국 사람이면 좋겠어요? 당연히 한국 사람이어야 마땅하잖아요. 4,700만 명 중에 한 명의 물자배급 담당자가 없다는 것은 말이 안 되잖아요. 누구도 부여하지 않은 책임감이 제 어깨에 있어요. 그래서 제가 매일 아프리카에 가는 거예요. 거기서 물자 배분 훈련도 받고 직접 물자 배분도 하면서 세계 최고 수준의 훈련을 받고 있거든요. 그래야 우리나라에 무슨 일이 생겼을 때 잘할 수 있지 않을까요?"

"그 준비까지 하셔서 중국어까지 배우셨는데 한비야씨는 하루 시간을 어떻게 쓰세요? 잠은 자요? 책을 7권을 쓰려면 원고 쓰는 것도 쉽지는 않을 거 같은데요."

"잠은 요즘에 매일 자요. 긴급구호 현장에 가면 그게 참 신기한데 잠이 안 와요. 며칠씩 못 자면 제가 시력은 좋은데 눈이 약해서 어떤 때는 며칠씩 못 자고 스트레스가 쌓이면 실핏줄이 터져요. 눈물하고 섞여서 나오면 피눈물이 나요. 조심하고 있는데 그래서 한국에 있으면 매일매일 자요. 글은 주로 밤에 쓰는데, 일단 글을 쓰는 날은 밤을 새우지요. 그리고 제 글은 일기장을 토대로 해서 나와요. 정말 눈 밝은 독자들은 알아요. 비야 언니의 일기장을 들여다보는 것 같다고. 그게 맞는 말이에요. 매일 제가 일기장을 쓰지 않았다면 제 책은 단 한 권도 나오지 않았을 거예요."

"한비야씨는 아이들이 몇 명이에요?"

"저는 미혼이지만 딸이 셋이 있어요. 제가 인생에서 꼭 하고 싶었던 일이 딸을 낳아서 키워보는 일이었어요. 결혼한 친구들 중에서 남편 자랑하는 건 하나도 안 부러운데 딸 자랑하면 시기하고 질투하고 정말 부러워합니다. 특히 딸하고 엄마하고 똑같이 닮잖아요. 한눈에 봐도 너 이 집 딸이구나 하면 너무나 부럽죠.

그래서 에티오피아, 방글라데시, 몽골에 딸들을 입양했어요. 데려다가 키우는 딸이 아니라 한 달에 2만 원 후원금을 내면서 그 아이들 학교도 보내고 한 가족의 식량도 해결하고, 그다음에 그 집에서 완전히 가난의 굴레를 벗어나게 하는 일을 하고 있습니다. 한 아이 당 2만 원을 주는데, 2만 원을 이 아이에게 직접 주는 게 아니라 어떤 프로그램으로 주는 거예요. 예를 들어 이 아이가 학교를 가고 싶은데 그 동네에 학교가 없으면 안 되잖아요. 한 300명가량을 그 지역에서 돌보면 그중에 한 아이가 내 딸이잖아요. 그 돈을 모아서 학교도 짓고 진료소도 만들고 그 집이 가난하면 젖이 나오는 염소를 빌려줘서 젖을 짜서 팔게 하기도 하고 새끼를 배면 새끼를 주고 그렇게 해서 프로그램이 돌아가는 거예요. 2만 원이 산을 넘고 물을 넘어가면 어떤 아이의 인생을 바꾸게 하는 거예요. 사람으로서 가장 큰 권리가 굶어 죽지 않을 권리잖아요, 열심히 일하면 정말 끼니 걱정을 안 해야 하는 게 정상이잖아요. 또 아이가 학교를 다닐 수 있게, 적어도 ㄱ, ㄴ은 배울 수 있게, 허접한 1,000원짜리 병에 걸려서 죽지 않을 수 있도록 만들어 주면서 일단 이 아이에게 기회를 주는 거예요."

"그러면 만약 청취자 여러분들이 나도 그런 아이를 갖고 싶다 그렇게 하려면 어떻게 해야 하나요?"

"일단 월드비전 홈페이지로 들어오시면 자세하게 나와 있어요. http://www.worldvision.or.kr 아니면 02-784-2004 전화하시면 안내원이 친절하게 어떻게 후원을 할 수 있고 국가별로 남녀별로 어떻게 할 수 있는지 알려드릴 거예요. 다만 한 가지 부탁드릴 점은 한번 시작하면 꾸준히 해야 한다는 건데요, 충동구매가 있듯이 충동후원도 있어요. 불쌍하다 해서 했는데 몇 달 안가서 그만두면 이 아이는 희망이 갑자기 없어지는 거잖아요. 물론 다른 후원자를 찾을 수도 있지만 이 아이가 알아요. 그리고 그 아이한테 후원을 맺으면 아이 사진이 와요. 키가 몇이고 무슨 학교를 다니고 뭐를 좋아하고 이런 게 오는데 6개월마다 한 번씩 발달성장표가 오고 정말 그 아이하고 일대일로 만나는 거예요. 저는 3년 되었거든요. 아이들 커 가는 게 너무 뿌듯하고 월드통장에서 매달 6만 원씩 빠져나가는 것이 제일 자랑스러워요."

"아이들 키우고 후원하려면 돈 많이 버셔야겠어요. 얼마 전에 광고를 찍으셨다고요?"

"난생처음 광고를 찍었는데 월드비전에 있는 한 어떤 상업적인 광고도 하지 않는다가 원칙인데 다행히 공익광고였고 광고료와 인세를 합쳐서 세계시민 교육 프로그램을 만들 거예요. 청소년들을 대상으로 세계시민으로서의 책임과 역할, 우리가 무엇을 할 때 어깨를 나란히 하고 갈 수 있고 모두가 함께 좋은 세상을 만들 것인가 하는 교육 프로그램을 만들 건데요 이름도 정했어요. '지도 밖으로 세계시민 교육' 사병이 아닌 사관학교의 개념으로 잘 교육시킨 사관생도가 밖으로 나가서 자기 동료나 비슷하게 관심있는 사람들을 교육시키는 것이죠. 벌써부터 가슴이 뛰고 설레어요."

"다시 아프리카에 가신다고 하는데 늘 건강하시길 바라고 가는 곳마다 행복이 가득하기를 빕니다."

산악인 **엄홍길** 대장

"'14좌의 꿈' 뒤엔 28번의 도전 있었죠"

"1988년 에베레스트에 처음 올랐을 땐 정말 무서운 것이 없었습니다. 하지만 연이은 실패는 내 인생을 돌아보게 했습니다. 히말라야는 나를 거부하는 것 같았고, 나는 그 냉혹함에 진저리를 쳤습니다. 그 사건으로 저는 힘만 믿는 청년에서 겸손함을 아는 사람으로 변할 수 있었습니다."

세계적인 산악인으로 1985년부터 2000년까지 15년간 동양인 최초로 히말라야 8000m이상의 고산 14봉우리를 모두 오른, 세계 등반 사상 여덟 번째의 대기록을 갖고 있는 엄홍길 대장의 말이다.

5000m, 6000m나 7000m급 산은 등반훈련을 체계적으로 잘 받은 사람이라면 충분히 가능하다고 한다. 하지만 8000m급은 인간의 영역 밖, 즉 신의 영역이라고 합니다.

신이 허락하지 않으면 오르지 못할 산에 오르고 친구와의 약속을 지키기 위해 목숨 걸고 산에 오르며 동료의 시신을 수습했던 산 사나이, 히말라야 탱크 엄홍길 대장을 만났습니다.

"히말라야 8000m급 봉우리 14개를 모두 등정하신 게 언제인가요?"

"2000년 7월 31일 히말라야에서 두 번째로 높은 K2 봉우리에 올라 14좌를 완등했어요. 그리고 나머지 두 개로는 히말라야 8000m급 주봉이 거느리고 있는 위성봉이 5개 정도 있는데 그 중에서도 주봉으로 인정이 될만한 독립봉의 성격을 강하게 띠고 있는 얄룽캉이라는 8505m 되는 봉우리와 로체샤르이라는 8400m 봉우리가 있습니다.

얄룽캉은 2004년도에 등정했고 로체샤르은 2001년도와 2003년도에 도전했다가 실패했어요. 2003년도에는 정상을 150m 남겨두고 후배 대원 두 명을 눈사태로 잃었지요. 작년에 세 번째로 도전했는데, 이번에도 정상을 200m 남겨두고 실패했습니다."

"세 번이나 실패하셨는데 굳이 가시려는 이유가 무엇인가요?"

"제가 자신이 있어서 그런 것이 아니라 목표로 세운 것이기 때문에, 제 자신의 목표이기 때문이죠. 물론 14개 봉우리, 14좌의 꿈은 이루었지만 저 자신이 새로운 목표를 세우고 새로운 도전을 하려고 그 두 개의 봉우리에 오르는 것을 계획으로 삼은 거예요. 아직 누구도 시도해보지 않은 새로운 영역을 개척해보자 해서 이런 목표를 세우고 도전하는 것입니다.

제가 올 겨울에 딸하고 로체샤르 근처까지 갔다 오면서 그 산을 봤는데 느낌상 올해는 잘될 것 같다는 생각이 들었어요."

"그런 감도 믿으시나요?"

"여태껏 수없이 많은 8000m 급 등반을 하다 보니 산을 가보면 산하고 교감이 되는 느낌이 생겼어요. 어떤 산에 갔을 때 뭔가 안 맞는다는 느낌이 들면 사고가 나거나 실패하게 되고, 느낌이 좋으면 모든 게 잘 맞아 들어가 일이 생각지도 않게 술술 풀리면서 등반이 잘 되곤 합니다.

그래서 어려운 산을 의외로 쉽게 성공하거나 쉬운 산이 저를 끝까지 거부해서 실패하거나 사고가 나는 경우가 있더라고요."

"산에 가실 때 지키는 징크스가 있으신가요?"

"저는 산에 들어가는 순간 속세의 모든 것들을 잊고 오직 산 하나만 생각하려고 합니다. 평상시에는 워낙 등반하는 데 몰입하다 보니 가족도 잊을 정도인데 등반 자체가 워낙 위험하고 생명이 달려있는 것이기 때문에 사실 그 정도는 되어야 합니다."

"14좌 완등까지 이루셨는데 굳이 그 위험을 무릅쓰면서 계속 산에 가시는 이유가 무엇인가요?"

"글쎄요. 저는 제가 필생의 목표로 했던 것을 이뤘어요. 하지만 그것이 끝이 아니지 않습니까. 저는 살아있기 때문에, 존재하기 때문에, 꿈이 없고 목표가 없으면 살아있는 의미가 없다고 생각해서 새로운 목표를 세우고 산에 가는 것이죠.

또 저는 산에만 가면 편하고 좋아요. 산에 오를 때 굉장히 고통스럽고 후회되기도 하지만, 어쨌든 거기에 가 있는 시간만큼은 너무나 행복하고 좋아요. 가만히 생각해보니 제가 산과 뗄래야 뗄 수 없는 숙명적인 삶을 사는 것이 전생에 산이 아니었나 싶습니다.

그렇지 않고서야 산을 오르는 과정에서 이렇게 많은 사고를 경험하고, 동료도 잃고, 수없이 많은 죽음의 고비를 넘나들면서도 산을 포기하지 않고, 그럴수록 산에 더욱더 빨려 들어가는 것은 어떻게 설명할 수가 없어요."

"실패하고 내려오셨을 때, 다시는 산에 안가겠다고 생각하지는 않으셨나요?"

"그런 생각 많이 하지요, 사고 당시에는 후회도 되고. 그런데 안전한 지대에 내려오면 생각이 다시 바뀌기 시작하는 겁니다. '다시 올라가야지', '그 다음의 목표는 어디냐', '어느 산에 오르나' 하고 늘 생각하면서 살지요"

"실패를 몇 번 하셨죠?"

"14봉우리에 오를 때까지만 28번을 도전했어요. 반은 성공하고 반은 실패한 셈이죠. 그 이후에도 계속 8000m급을 등반했는데, 여태까지 36번을 갔더라고요."

"올라가는 장면은 많이 보여주는 데 반해 내려오는 것에 대해선 별 말이 없던데, 내려오는 게 올라가는 것 이상으로 더 힘들지 않나요?"

"정상에 가기 위해서 죽을 힘을 다해서 올라갈 때는 죽을지 살지에 대해서는 생각나지 않고, 오직 정상만 생각하게 됩니다. 정상에 올라서고 나서는 '드디어 해냈구나, 내가 뭔가 이루어냈구나' 하며 자신에 대한 뿌듯함을 느끼고, 거기서부터 새로운 목표를 생각하게 되죠.

그러다가 정신을 차리고는 과연 내가 무사히 저 밑의 출발지점까지 되돌아갈 수 있을까라는 불안감이 생기는 거예요. 올라갈 때 모든 힘을 다 쏟았으니까 한 발짝 내딛을 힘도 없는 것이죠. 그래도 살아서 내려가야지만 내 자신이 정상에 섰다는 것을 밝힐 수 있는 것이고, 다시 또 산에 올 수 있기 때문에 다시 모든 것을 내려가기 위해 집중하게 되는 것이죠.

올라갈 때도 물론 사고가 나지만 특히 내려올 때 힘도 없고 정신적으로도 굉장히 지친 상태이기 때문에 사고가 많이 납니다."

"산이 그렇게나 위험한데, 산에 가기 전에 무엇을 써놓으시기도 하세요?"

"그렇지는 않지만, '과연 내가 다시 한국으로 돌아올 수 있을까, 이 비행기를 다시 타고 돌아올 수 있을까' 하는 생각을 하며 항상 마음속으로 각오는 하고 떠납니다."

"아내 분이 그만하라며 말리지는 않으시나요?"

"물론 그 말을 속으로 수천 번 했을 테죠. 하지만 제 인생이 곧 산이고 산에 가는 것 자체가 제 인생이라고 생각해서 제 모든 청춘을 히말라야에 바친 것 아니겠습니까. 좋아서 미쳐서 하는 거니까 굳이 말려봤자 오히려 스트레스만 주고 더 힘들게 하는 것이라고 생각하는 것 같아요. 말은 않지만 속으로 힘들겠지요. 그래도 제가 하는 일을 묵묵히 잘 도와주고 있으니 제가 전념하고 다닐 수가 있는 것이라 생각해요. 그래서 늘 고마워하고 있습니다."

"앞으로의 계획이 어떻게 되세요?"

"2월 말이나 3월 초에 16개 중 하나 남은 로체샬 등정을 준비하고 있습니다. 이것이 저에게는 굉장히 중요한 일생의 등반이기에 전력투구하려 합니다. 그 이후에는 산을 통해 8000m 등반을 하고 또 자연을 통해 제가 경험하고 체험했던 것을 청소년들에게 전달해주고 싶어요.

저는 자연은 우리 인간의 생명줄이라고 생각합니다. 그런데 현대인들이 너무나 자연에 대한 고마움을 모르고 자연과 격리되어 살다 보니 여러 가지 사회병폐 문제가 발생하게 되는 것이죠. 청소년들이 자연과 가깝게 지내고 항상 자연과 더불어 공유하면서 살 수 있도록 청소년 학교나 프로그램을 만들고 싶습니다."

남보원, 정치학과 갔던 광대…

"거긴 유머가 없잖아?"

남보원, 송해, 백남봉 하면 한국 연예가를 이끌어온 1세대 코미디언들입니다. 유랑극단 시절부터 숱한 세월이 흘렀어도 이들은 여전히 지칠 줄 모르는 활력을 자랑하며 현역으로 뛰고 있습니다. 환갑을 넘기고 칠순마저 넘긴 코미디언 남보원은 방송계에서 은퇴한 지 오래이지만, 그는 결코 은퇴하지 않았습니다.

반평생을 원맨쇼의 대부로 살아온 국보급 코미디언 남보원의 현재 무대는 각종 회갑잔치와 지방공연이지만, 그는 지금도 성대모사의 1인자를 자처하며 젊은 시절보다 몇 배 더 노력하고 있습니다.

지난해에는 가수로서 앨범도 낸 그를 CBS '손숙의 아주 특별한 인터뷰' 에서 만나보았습니다.

"건강하시죠?"

"건강하긴 한데 아쉬움이 늘 있어요. 외국에서는 그러니까 일본의 '만담' 만 봐도 나이든 양반들이 기술을 가지고 지금도 저렇게 재롱을 부리고 박수도 받는 모습을 보게 돼요. 그런데 우리나라에도 저런 것을 할 수 있는 사람들이 아직도 있건만 어째서 프로그램이 없는가 하는 생각을 하게 되더라고요."

"지난 해에 앨범도 내셨는데, 노래가 전공은 아니시잖아요?"

"손 선생님, 제가요, 노래를 했으면 지금 현철이라는 가수가 없습니다. 설운도도 태진아도 송대관도 없어요. 하하하! 그때는 제가 누구 목소리까지 냈냐면 '눈물 젖은 두만강'의 김정구 선생, '배뱅이 굿' 하시던 이은관 선생, 고운봉 선생 등에 최희준, 배호, 남진 이런 분들의 목소리까지 가수로서 충분히 뽑을 수가 있었으니까요."

"그리고 평안남도 순천에 사셨다고 하는데, 그럼 일사후퇴 때 온 가족이 함께 내려온 것인가요?"

"아닙니다. 아버지께서는 해방되면서 작은어머니랑 작은누이를 데리고 남쪽으로 오셨어요. 그래서 1.4후퇴 때 어머니랑 저랑 큰누이랑 발가벗고 얼음이 둥둥 떠 있는 대동강을 건넜습니다. 그때 물이 가슴까지 찼는데 어머니가 '허리 펴라우, 허리 펴라우. 허리 펴야지 살지 이렇게 하면 못 산다. 허리 펴라우, 정신 바짝 차리라우' 하시던 기억이 생생해요. 다리부터 아랫도리가 얼마나 시린지……, 1951년 1월 4일에 16살 어린아이가 보따리 짊어지고 죽기 살기로 넘어왔지요. 그런데 건너오고 나니 큰누이랑 매형이랑 금방 봤다는데 안 보이는 거예요. 그렇게 순식간에 이산이 된 것이죠. 그러다가 지난 2000년도에 50년 만에 평양에서 만났습니다. 곱던 모습은 하나도 없고 이 다 빠지고 몸은 바싹 마르고 할머니가 된모습이었어요, 내가 16살, 누이가 20살 때 헤어진 누이를 딱 50년 만에 만나니 오죽했겠어요."

"이해가 갑니다……. 그리고 서울에서 학교 다니면서도 유명하셨다면서요? 별명이 짱꼴라라고 불렸다죠? 대학 2학년 때 등록금 들고 나와 무대 의상 옷을 입고 다니기도 하셨다죠?"

"중국음식을 좋아하고 중국집을 들락날락 하면서 자꾸 외상으로 먹으니까 중국집 사람들이 '우리 이러면 장사 못해, 이 촹컬라같은 놈아' 하다가 제가 짱꼴라가 됐습니다."

"어떻게 코미디언이 되셨나요?"

"서울에서 중학교 다니다가 퇴학당하고 고등학교에 가서 축구도 하고 레슬링도 하고 유도도 하다 보니까 싸움도 잘 하게 되더라고요. 제가 57학번인데 학교에서 '짱꼴라'라는 별명으로 넘버원을 차지했지요. 그러다가 윤삼육이라는 친구를 만나 연예계에 데뷔하면서 제 레퍼토리가 확 발전했습니다."

"데뷔가 쉽지 않았을 것 같은데요?"

"영화배우 모집하는 곳에 가서 사기도 많이 당하고, 아나운서 시험도 보고, 탤런트 시험도 봤다가 떨어졌지요. 그러다가 1963년도에 영화인협회에서 영화배우 모집을 해서 갔는데 '태산이 높다 하되…….'를 팔도 사투리로 해서 코미디 분야 1위를 했습니다. 그렇다고 바로 뜬 것은 아니고 밑바닥부터 힘들게 시작했지요."

"그런데 정말 궁금한 건 남보원이라는 이름은 어떻게 어떤 동기로 얻게 되신 거에요?"

"윤삼육 씨하고 나하고 둘이 앉아서 이름을 지었는데 후라이 보이나 체리 보이 같이 무슨 보이는 유치하다 싶었습니다. 그래서 고민을 하다가 넘버원 비슷하게 남보원이 후보로 나와서 좋다 싶어 남쪽 남, 보배 보, 으뜸 원자로 해서 남보원이 됐지요. 이름을 그렇게 지어놓고 보니까 남보원이라는 타이틀 때문에 두 번째가 되기는 싫고 무언가 되어야겠다는 생각이 들어 더 열심히 하게 되더라구요."

"그 시절에는 남자가 그런 일을 하는 것을 안 좋게 봤을텐데요?"

"그래서 군대를 갔다 와서 동국대학교 정치과에 들어갔어요. 그런데 요즘 같아선 정치 안 하고 차라리 광대가 된 것을 다행으로 생각합니다. 그분들 보면 유머가 없잖아요. 하하하."

"예전에 국회의원 하셨던 이주일 씨가 이러시더라고요. '그런데 말이야, 그 사람들은 거기가 코미디더만!' 정치하시는 그분들이 코미디를 먼저 하니까 우리가 지금 할 게 없는 거예요. 하하하. 옛날에 정치풍자는 흉내도 못 내고 입에도 못 담았지만 요즘에는 사람들이 신문이나 뉴스에 나온 이야기를 풍자하는 걸 제일 좋아하더라고요. 여하간 아버지가 정치를 하길 바라셔서 제가 정치과에 갔는데 제가 가지고 있는 소질을 가지고 그럴 수 있습니까? 그래서 2학년 때 등록금으로 등록을 안 하고 양복점에서 무대의상을 맞춰 입은 거예요. 위아래로 쫙 차려입고 휘파람 불면서 동네를 지나가는데, 곱창 먹던 노인들이 '어이, 짱꼴라!' 하시는 거예요. 그래서 제가 이제 짱꼴라라고 부르지 말고 남보원이라고 부르라고 하면서 곱창에 소주 얻어먹곤 했지요. 그렇게 알딸딸하게 다니다가 결국 코미디언이 되고 말았습니다."

"문화훈장을 받으신 후 부모님 산소에 가셨다는 말이 있던데……. 왜 그러셨어요? 무슨 특별한 이유라도 있나요?"

"살아계실 적에 제가 이렇게 광대가 돼서 유명해지니까 아버지는 날아갈듯 하셨지요. 우리 아버지도 끼는 있었는데 그때만 해도 세태가 그래서 반대를 하셨던 거지요. 제가 어릴 적에 어머니랑 저는 셋방에서 살고 작은 어머니는 번듯한 집에서 살고 하시니까 불만이 쌓여서 깡패 생활을 하면서 못된 짓도 하곤 했는데, 그런 잘한 것도 없는 사람한테 나라에서 화관문화훈장을 줘서 '이게 나한테 올게 아닌데' 하고 먼저 저를 데리고 38선을 넘어오신 어머니께 바쳤습니다."

"지금까지 살면서 아쉬웠던 점이 있으신가요?"

"언젠가 인간문화재 박동진 선생님께서 '야 이 썩을 놈아. 너는 임마 그 원맨쇼가 뭣이냐? 그 목소리를 가지고 판소리를 했으면 인간문화재가 되었을 것인데' 라고 하셔요. 하지만 제가 후계자가 없어서 안 된다고 했습니다. 그 많은 개그맨들은 내 후계자가 아니냐고 할지 모르지만 고유하게 제 전수자를 만들어서 한두 시간씩 혼자서 별의별 소리를 낼 수 있게 해야 하는데 말이죠."

"늘 건강하시고, 요즘 웃음이 아쉬운 시대이니까 많이 웃겨주시길 바랍니다."

"우리 국민들 지금 상당히 초조하시고 또 대선도 얼마 안 남았잖아요? 그래서 과연 어떤 사람이 대통령이 될 것인가 하는 스릴과 서

스펜스 속에서 살아가는데 저는 그 속에서 웃기면서 좋은 대통령을 뽑기 위해서 한 줌 노력을 하겠습니다."

재야 역사학자 **이이화**

"우리 역사에 너무 소홀, 정체성 혼란 걱정"

평생을 삐딱하게 살아왔고, 남이 다 가는 넓은 길에서 튕겨 나와 좁고 가파른 길로 멀리 돌아왔습니다. 그 흔한 대학졸업장도 없고 학위도 없지만 명문대 정통코스를 거쳐 교수나 박사를 하는 사람들도 이 사람을 만만하게 보지 못합니다.

후배들 사이에서 작은 거인으로 통하는, 158cm에 48kg, 작은 몸 어디에 그런 깡다구가 있나 싶게 말힘, 글힘이 아주 센 이 사람. 배운 것 없고 가진 것 없는 민중을 역사의 주인공으로 바라보고 그 대중화에 힘쓴 재야 역사학자 이이화 씨를 만났습니다.

"위암수술을 받으셨다고요?"

"1년 5개월 전에 받았습니다. 체중이 건강할 때 48kg이었는데 요새는 그것보다 적게 나갑니다. 그래도 초기여서 생명에 지장은 없었어요."

"파주 헤이리 쪽으로 이사하셨죠?"

"올해 초에 이사 갔어요. 지난 3년간 사회활동을 많이 한 편이라 금년에는 글 쓰는 데 매진하려고 일부러 장소를 바꿔보았지요."

"2004년 5월에 22권짜리 '한국사 이야기'가 완간되었는데 간단히 소개 부탁드립니다."

"10년 걸린 작업이었지요. 22권이니까 개인이 쓴 분량으로서는 제일 많다고도 합니다. 그러나 그것보다도 제 나름대로 '역사는 엄숙주의에서 벗어나야 된다, 또 아카데미즘에서 벗어나야 된다, 대중과 호흡을 해야 된다, 그래서 문장이나 내용 구성이나 우리 생활과 감각에 조금 더 밀착된 것으로 구성을 해야 된다.' 이런 각도에서 역사의 대중화에 관심을 많이 기울이면서 그 책을 썼지요."

"다시 말하면 민중을 주인공으로 보고 역사를 바라보시는 셈인가요?"

"제가 민중을 주인공으로 내세우되 계급투쟁적인 시각이 아니라 지극히 휴머니즘적인 관점에서 접근을 한 것이에요. 가령 옛날에 노비들이 뭘 먹고 어떻게 살았나, 어떻게 압제를 받고 살았나, 또 자기 시대에서는 그 굴레를 벗어나려고 어떻게 노력을 했는가 하는 것에 관심을 가지고 적으려고 노력을 했어요. 기존의 역사책들이 대개 그런 면에 소홀했기때문에 어떤 점에서는 새로이 관심을 환기시키고 개척한다는 야심도 있었던 것이죠."

"저도 대학에서 역사를 전공했는데 교수님 중에서 이런 말을 하신 분이 계셨어요. '역사는 어떤 면으로 보면 승자의 것이다'라고 말씀하셨죠."

"그게 역사학이 가지고 있는 큰 한계입니다. 저는 그래서 과거에는 '승자의 역사'가 역사였지만, 현재에 들어서는 새로운 역사학 방법을 통해 그것을 바꿔놓을 필요가 있다고 본 것이지요. 과거에는 영웅주의 사관에 빠져서 영웅만 존재하고 그 밑에서 무수하게 희생당한 사람들은 이름도 없이 사라졌어요. 독립운동 과정도 마찬가지입니다. 김구나 홍범도 같은 분들이 위대하지 않은 것은 아니지만, 이제는 그런 영웅주의적 각도에서 벗어나 그 밑에서 받쳐준 기반 세력에 대해 관심을 가질 필요가 있다는 것이 현대 사학이 안고 있는 하나의 과제입니다."

"이선생님께서 22권을 써놓고 보니 만족스러우시던가요? 아니면 잘못된 것도 있는 것 같으신가요?"

"보통 그런 성과물이라고 해서 칭찬만 하려 하지만 사실 전 후회가 많습니다. 제가 대중화를 표방했지만 아직도 대중화하는 데에 한계가 있고, 고대사의 경우 자료가 많은 근대사에 비해 생활사 같은 것을 제대로 복원하지 못했지 않나 싶습니다. 그런 점에서 한계를 느낄 때도 있고 조금 더 이론이 치밀했으면 좋지 않았을까 하는 점에 대해서도 부족함을 느낍니다."

"역사서를 쓰시면서 우리가 역사를 보는데 어떤 오해를 한다고 보시나요?"

"대단히 많지요. 예를 들어 '강한찬'이 '강감찬'으로 잘못 알려진 것이나 신라가 당나라의 발해공격 요청에 머뭇거리면서 공격을 안 한 것을 '공격하려 했다' 대신 '공격했다'고 함으로써 마치 발해와 신라가 정면으로 싸운 것처럼 나온 것은 아주 잘못된 것이죠. 그런데 옛날에는 자료를 많이 보지도 못했고 인터넷 검색 같은 것도 없어서 전부 책을 봐야 했는데, 오늘날은 우리가 행복하게도 여러 가지 실록 등의 중요한 자료들도 인터넷으로 다 찾아볼 수 있습니다. 그렇기 때문에 옛사람들이 틀린 것을 가지고 무조건 비난하기 전에 그런 시대사정도 고려해야 한다고 봅니다."

"중고등학교에 국사시간이 없어졌다는데."

"그것은 두 가지 배경이 있어요. 우리나라가 식민지와 해방 이후의 분단 때문에 역사교육을 상당히 중시했습니다. 그런데 민주화가 되고 세상이 다양화되면서 여러 분야가 생기니까 할 일이 많아지고 배울 것도 많아져서 국사가 점점 밀려났어요.

옛날에는 외국 유학시험에도 국사가 있었고 5급 공무원, 그러니까 지금의 9급 공무원 시험에도 국사가 있었는데 이게 자꾸 하나씩 하나씩 빠져나가다보니까 일본이 자꾸 우리 역사를 왜곡하고 중국에서는 고구려사를 자기네 역사라고 우겨대는 일이 벌어지고 새삼스럽게 역사교육 문제가 일어나는 것이죠.

예를 들면 미국도 미국사는 대단히 중요시하고 중국은 말할 것도 없어요. 중국에 근대사학이 들어오면서 소수민족에 대한 관심을 많이 높이고 인권도 존중하고 했지만, 요즘에는 다시 패권주의로 돌아가 역사를 왜곡하는 단계로 들어갔습니다. 오늘날 지구촌화, 세계화라는 이유 속에서 우리 국사를 너무 소홀히 하는데 그것이 결국 자기 정체성의 혼란을 가져오지 않을까 생각합니다."

"앞으로는 무슨 일을 하고 싶으세요?"

"헤이리에서 『동학농민전쟁사랑』 개인 자서전을 금년 안에, 혹은 내년까지 집중적으로 써서 마무리지으려고 합니다. 주위에서 자서전을 쓰라고들 많이 하는데 저는 개인 자랑을 하려는 게 아니라 그 시대상을 나라는 개인을 통해서 얘기할 수 있기 때문에 쓰려고 합니다."

"오늘날 과거사 청산 문제가 우리 역사의 아주 중요한 화두인데 역사학자로서 어떤 평가를 내리시는지요?"

"저는 역사는 개혁되어 평등의 역사가 이루어진다고 봅니다. 그러나 갈등은 청산해야 합니다. 과거사라고 하니까 갈등을 새로 유발하자는 것으로 오해하는 분들이 있는데, 친일파 문제같은 오욕된 역사를 분명히 청산하고 미래 화합으로 가야 됩니다. 한국전쟁 때 이데올로기에 대해 아무 것도 모르는 사람들이 폭격에 의해 죽었는데 지금까지 명예회복을 안 시켜줬어요. 이런 것은 인권의 문제이지 이데올로기의 문제가 아니에요. 오늘날 세계는 인권으로 갑니다. 인권을 존중해주는 그런 역사를 위해서라도 과거사를 정리하고 서로 화합해서 미래에는 정말 손잡고 밝은 사회로 가야 된다고 봅니다. 유럽에서는 이미 그것을 해서 오늘날에 그런 갈등이 없습니다. 그렇다고 과거사를 청산하는 게 누군가를 응징하자, 벌주자는 것은 아니고 이것을 묻어놓고 가면 미지근한 상태로 유지될 뿐이니까 우리가 이 시대에 재빨리 청산하고 화합의 미래를 열어가야 된다는 것입니다."

소설가 **김홍신**

"천년왕조 가졌던 우리는 큰 나라"

박정희 대통령 취임식 날 무장공비를 잡은 대한민국 장교, 1981년 계엄 직후 내놓은 소설『인간시장』으로 대한민국 최초로 100만부 판매기록을 갖고 있는 밀리언셀러 작가.

1996년부터 국회의원을 시작해 8년 동안 의정활동 1위를 도맡아 했으나 2003년 12월 스스로 의원직을 사퇴하고 탈당을 선언해 주변 사람을 깜짝 놀라게 하고, 다시 2004년 총선에서 패배한 이후 깨끗하게 물러난 사람. '인간시장'의 주인공 장총찬처럼 여의도에서 정치인으로 숱한 화제를 남기다가 소설가 김홍신으로 돌아간 그를 손숙의 아주 특별한 인터뷰에서 만났습니다.

"건강하세요?"

"별로 건강치 못한 것이, 글 쓰느라고 한 2년 동안 책상에 너무 오래 앉아 있었더니 인체가 너무 학대당해서……. 이제 제 몸에게 사과할 때가 된 것 같습니다. 하하하."

"호호, 책을 쓰고 계셨죠?"

"발해 역사소설을 1만2000장, 그러니까 소설로 12권 분량을 준비 기간 빼고 쓰는 데만 2년 걸렸습니다."

"컴퓨터를 안 쓰고 손으로 쓰신다면서요?"

"최인호 작가와 둘이서 죽는 날까지 손으로 쓰자고 했던 약속을 아직도 지키고 있어요. 정초에 만났는데 그때 웃으면서 서로 한번 끝까지 지켜보자고 했지요."

"쓰신 책은 어떤 책인가요?"

"『김홍신의 대발해』라고 곧 출간될 발해 역사소설인데, 이 발해의 역사가 역사책에서 거의 지워지다시피 한 것입니다. 발해의 역사를 모르는 국민이 너무 많은 것에 대해 나라와 역사학자도 책임을 져야 되고, 국민 모두도 좀 반성을 해야 합니다. 발해 자체의 기록은 삼대 대흥무, 그러니까 문황제의 둘째공주 정혜와 넷째공주 정효의 무덤에서 나온 비석에 적힌 약 1500자 정도의 기록 외에는 특별한 기록이 없어요. 그러니까 우리 역사인데도 중국이 중국 중심적으로 쓴 기록을 사용하게 된 것이죠."

"그렇게 자료가 적은 것을 어떻게 12권짜리 책으로 만드셨나요?"

"중국, 북한, 한국에 있는 모든 기록을 모아서 연표를 만들었어요. 그걸 만들어서 수백 권의 책을 읽으면서 공부를 해보니까 중국이 주장한 모순을 발견하게 되는데, 쉽게 얘기하면 중국 역대로 미운 사람은 성이나 이름을 바꾸는 식으로 발해의 역사를 말갈 역사로 전부 바꿔놨습니다. 심지어 연개소문과 그 아들들까지도 전부

샘 천자 천(泉)씨로 바꿔놓았더군요.

역사를 바꿔서 북한을 자기 땅이라고 주장하고 백제와 서울까지 다 자기 땅이라고 주장하는데, 이것을 뒤집어서 증거를 바로 세워줘야만 당대를 살고 있는 우리뿐만 아니라 우리 후손들에게 제대로 된 우리 선조들의 웅혼(雄渾)함과 강대함을 알려 자존심을 회복할 수 있습니다. 역사소설을 쓰면서 느낀 건 우리 민족이 작은 민족이 아니라 굉장히 어마어마하고 강대한 나라인데, 한번 생각해 보세요. 세계 역사상 천년의 역사를 가진 왕조, 그러니까 신라 같은 나라가 로마 외에는 거의 없습니다.

중국에서 가장 강대했다는 당나라도 260년밖에 안 되는데, 우리가 스스로 우리민족이 대단하다는 생각을 안 하는 것, 저는 여기에서 분노가 이는 것이죠. 왜 중국을 섬기는 선비들이 주장했던 논리에 우리가 빠져드느냐 이것이죠."

"그런데 김작가님, 국회의원 한번 해본 사람은 절대로 정치판을 떠나지 못한다고 하는데 어떻게 그리 홀연히 문단으로 돌아오셨나요?"

"국회의원 할 때부터 그럴 마음이 없으면 정말 어렵습니다. 사람이 가질 줄만 알지 버릴 줄을 모르니 점점 구속되고 얽매이게 되지요. 국회의원 자리는 국가가 국민을 위해서 봉사하라고 많은 혜택을 주는데, 그 혜택을 누리지 말고 국민에게 나눠줄 줄 알아야지 본인이 그 혜택에 빠져서는 안 돼요. 그럼에도 불구하고 그걸 누리다 보니까 나오면 못 견디는 거죠. 마인드를 바꾸고 나오면 훨씬 편안

하고 자유로워요. 매달릴 필요가 없거든요. 연연하게 되면 대통령이든지 총재든지 대표든지 지도자에게 무릎을 꿇습니다. 한 번 더 해야 하니까. 그런데 무릎을 꿇으면 결국 그것은 굴종이거든요? 그 굴종이 국민에 대한 굴종이 아니고 생사여탈권을 가진 사람에 대한 굴종이란 것은 결국 국민을 배반하는 것이거든요."

"인간시장은 언제 출판하셨죠?"

"쓰기는 1980년에 썼으니까 30대 초반쯤인데, 처음 나온 것은 1981년입니다. 그런데 그 당시가 계엄 때여서 모든 글은 계엄사에 들어가서 '검열필' 이라는 빨간 도장을 찍지 않으면 책이건 뭐건 할 수가 없던 시절이거든요. 그때 쓰여졌기 때문에 검열에 걸리지 않기 위해서 살살 피해가는 과정도 없잖아 있었는데, 사회적으로 인기인도 되고 명망도 얻었지만 가슴 아픈 일도 참 많았어요."

"협박도 많이 당하셨다고 들었는데요?"

"군사정권 시절에 은밀하고 아주 계산적인 협박과 압력이 있었는데, 이런 것은 참 견디기가 어려웠습니다. 한때 정말로 도망갈 생각까지 했었는데 저는 정말 독자와 국민들 덕분에 살아남을 수 있었습니다. 순식간에 1백만 권이 팔려나가니까 잡아 들일 수가 없었던 거지요.

그 당시에 정부기관에 있던 사람들을 그 뒤에 만났는데, 구속하라는 명령이 나왔는데 주변에서 지금 구속하면 스타에서 슈퍼스타로 된다고 해서 지금은 건드리면 안 된다고 했답니다."

"아이들에 대한 협박도 있었다는 소리도 들었는데 사실이에요?"

"아이들을 유괴해서 죽이겠다고 해서 애들을 몇 번씩 피신시키고……. 어느 날은 애 엄마가 집에 오니까 없어요. 일하는 아주머니도 어디 갔는지 모른데요. 애들 데리고 도망간 거죠, 너무 무서우니까. 집에 협박전화도 오고 돌멩이에 협박편지도 써서 던지고 부모님 사시던 시골집 벽에 붉은 글씨로 쓴 협박문을 붙여놓곤 했어요. 아내가 그전부터 몸이 허약했는데 그때 그게 심화된 것이, 본인이 협박받는 건 견디는데 자식을 죽이겠다고 하는 것은 못 견디더군요."

"그런 협박 공갈은 주로 누가 어디서 했나요?"

"여러 명이고 그중에 구체적으로 아는 사람도 있습니다. 몇 년 전에 그 사람이 저한테 미안하다고 사과를 했어요. 그래서 제가 '이미 나는 잊었다' 고 했지요. 정말 저는 잊었어요. 왜냐 하면 계엄 때 저를 잡아가서 문초하던 사람들이 큰 교통사고를 당해서 죽었다고 할 때 내가 저 사람을 미워해서 그렇게 됐나 했습니다.

그리고 깨달았어요. 내가 남을 미워하니까 결국 그 사람한테 해코지한 것이 아니라, 나만 바보가 돼서 내 몸속에 독극물만 쌓이고 내가 나를 죽이는 것이라고. 그러니까 비판할지언정 미워하거나 증오할 필요는 없는 것이죠."

"화려한 의정활동을 하다가 결국 종로에서 떨어지셨는데 그때 느낌이 어떠셨나요?"

"저는 오히려 떨어진 게 행복해요. 왜냐하면 다시 소설을 쓸 수 있게 하늘이 점지를 해준 것 같아요. 이번 이 소설을 쓰면서 한국인으로 태어난 것이 이렇게 자랑스러울 수 없었거든요? 이 행복을 다른 데서 찾을 길이 없습니다.

그리고 더군다나 종로 구민들께 너무 고마운 것이, 제가 공천을 40일 전에 받고 선거운동을 막 시작하는데 아내가 죽었습니다.

그래서 사람이 죽었는데 무슨 의미가 있나 해서 열흘간 선거운동을 아예 안 했어요. 그런데도 불구하고 연고 하나 없이 40일 전에 갑자기 온 사람에게 그렇게 많은 표를 줬다는 것은, 제가 너무 복을 많이 받은 거죠."

"발해 책이 끝난 다음에는 어떤 일을 하실 생각인가요?"

"붓다에 대해 쓰고 싶어요. 그래서 인도에 2번 다녀왔는데, 1월 초에 가서 집중적으로 취재를 하려다 건강이 따라가지 못할 것 같아서 미뤘습니다."

프로레슬러연맹회장 **이왕표**

"'박치기왕 김일' 동경한 소년"

마을에 흑백 TV 한두 대가 고작이던 1960~1970년대, 프로레슬러 김일은 박치기 하나로 온 국민에게 카타르시스를 안겨주었습니다.

호랑이와 삿갓, 곰방대가 그려진 가운을 입고 링에 올라 거구들을 박치기 한방으로 쓰러뜨리는 짜릿한 모습을 조용히 지켜보며 저런 사람이 돼야겠다고 생각한 초등학생이 있었습니다.

그는 스무 살 되던 해 김일 체육관에 1기생으로 들어가 꿈에 그리던 프로레슬러가 됩니다.

고(故) 김일 선수의 마지막 순간까지 애제자로 함께 하고, 그 뜻을 이어받아 프로레슬링을 지켜내려 애쓰는 사람, 국내 유일의 세계 챔피온 이왕표 선수를 만났습니다.

"진짜 크시네요. 키랑 몸무게가 얼마나 되세요?"

"키는 190cm, 몸무게는 115에서 120kg 사이에서 왔다 갔다 합니다."

"하루에 운동 몇 시간이나 하세요?"

"요즘에 보통 하루에 6시간 해요. 걷는 걸 좋아해서 시속 6~7킬로미터로 한 시간에서 한 시간 반정도 걷고, 웨이트 트레이닝 하고, 링에서 하는 운동까지 해서 보통 아침 6시부터 12시까지는 운동을 하는 편입니다."

"요즘도 시합이 자주 있으신가요?"

"지난해 12월에 김일 선생님 추모 시합이 있었고, 3~4월에 시합 스케줄이 잡혀 있습니다."

"김일 선생님이 지난해 10월 26일 돌아가셨는데 많이 힘드셨죠?"

"투병생활을 한참 하셨죠. 총 13년 투병하셨는데, 일본에 계시다가 94년도에 한국에 오셨습니다. 박치기를 많이 해서 목 뒤에 척추가 눌려 합병증이 생기셨다고 합니다."

"운동의 후유증이군요?"

"김일 선생님이 돌아가시기 얼마 전에 하신 말씀이 마음에 남아요. '이 관장, 나는 정말 박치기 하기가 싫어.' 머리가 울리고, 귀에서 항상 종소리가 들리신다고 하셨죠. 하지만 팬들이 좋아하기 때문에 안 할 수 없다고 하셨어요."

"박치기를 어떤 식으로 훈련하셨나요?"

"야구방망이로도 맞고 나무기둥이나 골프 드라이버로도 단련하고……. 그런 과정에서 후유증이 오신 게 아닌가 싶습니다."

"'레슬링은 쇼다' 이후부터 레슬링이 쇠퇴하지 않았나요?"

"그때부터 프로레슬링이 침체가 됐죠. 그런데 팬들이 알고 있던 부분하고 다른 부분이 있어요. 장영철 선수가 스타이기 때문에 승부근성이 강해서 지는 걸 싫어하셨는데, 그날 경기에서 일본 선수의 새우꺾기라고도 하는 일명 보스턴 크랩이 빠져나오지도 못하도록 완벽하게 들어갔어요.

그때 항복을 하면 끝나는 건데 항복은 죽어도 안 한다고 생각하시며 계속 버티셨죠. 링 밑에서 제자들이 보니까 얼굴이 파랗고 까맣게 질리신 거예요. 그래서 제자들이 링에 난입해서 난장판을 만들고 결국 경찰에 끌려갔는데, 조사받는 와중에 프로레슬링 규칙을 설명했더니 경찰이 이해를 못 하고는 '그렇다면 짜고 하는 게 아니냐. 쇼 아니냐' 라고 한 것이 신문에 대서특필된 것이죠."

"이왕표 선수도 김일 선수가 경기를 하면 TV 앞에서 보곤 하셨나요?"

"TV가 없으면 라디오로 듣고 상상하고, 가끔 시내에 나가서 TV를 보면서 크면 프로레슬러가 돼야겠다는 생각을 했어요. 그때부터 김일 선생님을 동경하면서 프로레슬러의 꿈을 키웠죠. 조금 크고 나선 학교에서 태권도, 합기도, 유도, 아마추어 레슬링 등 격기 종목은 거의 다 했습니다. 링 밖에선 사람됨을 배웠습니다. 앞으로는 후학 양성을 위해 욕심을 좀 부려 볼까 생각 중입니다."

"그럼 김일 선생님의 문하생으로 언제 어쩌다가 들어가신 거예요?"

"1975년에 신문에 김일 선생님이 김일 체육관 개관 기념으로 문하생 1기 모집을 한다는 광고가 나와서 응시를 했지요. 그때 100명이 넘게 왔는데, 제 몸무게가 조건에서 1킬로그램이 모자랐는데도 김일 선생님이 '눈이 살아있다' 며 뽑아주셨습니다."

"김일 선생님이 국민적 영웅이셨는데 말년을 어렵게 보내신 이유가 무엇인가요?"

"그때 당시 김일 선생님이 달러를 샌드백으로 가지고 들어오셔서 박 대통령이 애국한다며 참 좋아했죠. 정말 천문학적인 액수를 그것도 현찰로 버셨는데, 극심한 가뭄이 들었던 해에 강남땅 5만평 사려던 돈으로 죄다 양수기를 사서 기증을 하셨어요. 그때 땅을 사셨으면 아마 어마어마한 재력가가 되셨으리라 생각합니다."

"옆에서 지켜본 스승은 어떤 분이셨나요?"

"링에 올라가면 호랑이보다 더 무서워서 숨도 못 쉴 정도였습니다. 또 통뼈셔서 헤드록에 걸리면 칼날같은 팔목에 이빨이 다 부러질 정도고. 머리도 엄청나게 단단하셔서 어떤 동료는 부딪히고 3일간 못 일어난 적도 있습니다.

하지만 링 바깥에서는 정말 인자하신 분이셨고, 운동뿐만 아니라 자기 관리 및 인성 교육에 관해서도 많이 가르치려 하셨습니다.

저희들은 움직이는 병기나 마찬가지니까 남을 배려하는 마음이 많이 필요하다고 가르치셨습니다. 저희보고 밤늦게 돌아다니지 말라고, 저희같이 큰 사람들이 밤늦게 돌아다니면 그것만으로도 경범죄감이라고도 하셨지요. 하하하."

"첫 시합은 언제 하셨나요?"

“문하생으로 들어간 지 2년 지나서 지금은 국회의원이 된 일본의 오니타 씨와 시합을 했습니다. 그래도 나름대로 2년 맞으면서 했으니까 되겠지 했는데, 맞는 데만 이골이 나 있고 때리는 기술은 없었던 것 같습니다. 결국 쓴맛을 봤지요. 하하. 그 뒤로도 20회 정도는 계속 졌습니다.

그러다 보니까 독기가 올라서 훈련을 열심히 했죠. 심지어 선배들이 소 눈을 날로 먹으면 힘이 세진다고 해서 소머리 사온 날에 몰래 소 눈을 먹기도 했는데, 선배들이 그걸 보고는 무척 웃었지요. 놀려줄려고 한 말이었다면서 말이에요. 결국에는 오사카에서 일본 선수를 상대로 첫 승을 했지요. 그때 김일 선생님이 처음으로 칭찬을 해주셨는데, 눈물이 핑 돌더군요. 경기 중엔 내려오지 않았듯이 레슬링 인생도 계속할 것입니다.”

“많은 경기를 하다보시면 어려운 경기가 있었을 것 같아요. 개인적으로 가장 어려운 시합은 언제셨나요?”

“모두 말씀드릴 수는 없지만 경기를 하다가 갈비뼈가 부러진 적이 있었죠. 160킬로그램 정도 되는 선수가 3단 로프에서 제 위로 떨어졌는데, 숨이 콱 막히더라고요. 어찌해서 경기는 마치고 병원에 가보니 이 상태로 어떻게 시합을 했느냐는 거예요. 정신력으로 한 셈인데, 김일 선생님께서는 참지 못하는 자는 레슬러가 될 수 없다고 늘 말씀하셨어요. 링에서 다리가 부러져도 시합이 끝나기 전에는 안 내려오는 것이죠. 어느 날엔 제가 깁스를 했는데, 김일 선생님이 다 찢으셨어요. 운동선수가 깁스한다고 하시면서. 그런 게 어떻게 보면 정신력인 것 같아요."

"한국 프로레슬링의 미래를 어깨에 짊어지고 계신 것 같은데 앞으로의 계획이나 구상은 어떠신가요?"

"할 일이 많지요. 제가 챔피언도 몇 번 했지만, 저보다 나은 제자를 키우는 것이 저의 새로운 꿈입니다. 또한 프로레슬링을 과거 황금시대처럼 재건해야 된다는 사명감으로 노력하고 있습니다.

프로레슬링이 없는 중국에도 진출해보려 합니다. 중국선수도 키워서 시장이 큰 중국에서 한국 프로레슬링의 황금시대가 재현되기를 희망하고 있습니다."

미래의 스타를 연단하는 대장장이

"김예섭 사장"

가슴으로 불을 품고 인생을 담금질하는 이 시대 최고의 대장장이 김예섭씨가 있습니다. 풀무질을 하면 화덕 속에서 빨간 불꽃이 맹렬히 이글거립니다. 후끈 달아오른 무연탄 화덕에서 막 꺼낸 시뻘건 쇳덩이를 모루 위에 올려놓고 큰 망치로 힘차게 내려칩니다. 쇳덩어리는 칼도 되고 도끼도 되고 공사 현장에서 쓰는 공구도 됩니다.

역사 드라마 속 얘기가 아니라
모래내 대장간의 대장장이,
김예섭 사장의 일상 풍경이다.

전남 광양군 옥룡면에서 농부의 넷째 아들로 태어난 김예섭 사장, 그는 어린 시절 집 근처 대장간을 놀이터삼아 하루를 보내곤 했습니다. 달궈진 쇠로 낫이며 호미를 만들어내는 걸 마냥 신기해하던 그는 열여덟 살이 되던 해 자신도 대장장이가 되겠다며 풀무질을 시작했습니다.

그 후로 45년, 이제 그는 이 시대의 진정한 장인으로 인정받고 있습니다. 박물관에는 그가 만든 가야시대 갑옷이며 고구려 시대 투구 같은 철기 유물의 복제품이 전시되어 있고, 역사 드라마 속 배우들은 그가 만든 소품을 들고 연기를 합니다.

'돈벌이 때문이 아니라, 자신의 기술을 알아주는 고객에게 보답하기 위해 일한다' 며 철저한 장인정신으로 한우물만 파온 대장장이 김예섭 사장을 만나보았습니다.

"평생을 한 가지 일만 하셨다는 것은 정말 대단한 일이에요. 굉장히 탄탄해 보이시는데 아직도 일을 하십니까?"

"네, 환갑이 지났지만 아직까지 체력이 달려서 일을 못해본 적은 없어요. 요즘은 일부는 기계로 하고 마무리는 손으로 수작업을 합니다. 옛날에는 손으로 다 했지요."

"서울시내에서 대장간 보기가 쉽지가 않은데 모래내에서 얼마나 오랫동안 이 일을 하신 건가요?"

"모래내에서만 25년 됐고요, 그전에는 고향인 광양에서 군대 가기 전까지 해오다가 제대 후에는 아버님의 반대로 못했지요. 옛날에는 아랫사람이 하는 거라고 반대가 심하셨어요. 그래서 다른 기술을 배우라고 서울로 보내셨지만 상황도 그렇고 이 일이 너무 좋아서 계속 했지요. 시골에서는 농기구만 만들었는데 서울에서는 건축공구를 주로 만들었어요. 지금은 좋은 장비가 많지만 그때는 다 수작업이었죠. 아침부터 하루 종일 두드려도 물건이 없어서 못 팔 정도였어요. 그렇게 기술을 배우면서 내 작업장을 만들자는 꿈을 가지게 됐지요."

"우리는 대장간이라면 농기구만 생각하는데 건축공구도 만드시는군요? 제일 많이 만드시는 것이 뭔지 궁금하네요."

"농기구는 주로 지방에서 해오고 우리는 건축, 인테리어, 방송국 소품을 만들어요. 드라마 「이순신」 「해신」 등에 등장하는 칼, 농기구, 갑옷, 무기 등을 만들었죠. 제일 많이 만드는 것은 건축공구인데 대장간에는 종류가 수십 가지라서 매일 만들어도 없는 물건이 더 많아요. 그리고 가끔 할머니들이 부탁하시면 호미를 만들어 주기도 하는데 굉장히 좋아하시더군요."

"사극의 경우에는 직접 가셔서 만드시나요? 박물관에도 선생님 물건이 전시되어 있다고 하던데요."

"도면을 가지고 오면 만들어 주지요. 박물관에 들어가는 것은 그곳에 직접 가서 보고 만들기도 하지요. 서울대 박물관, 롯데 월드, 그리고 방송국에도 전시되어 있고요, 주로 투구나 갑옷이 많지요."

"모형이나 유물 복제하시려면 역사 공부도 많이 하셨겠어요."

"공부라기보다는 오랫동안 일을 하다 보니까 그냥 보면 이것은 어디서부터 시작해서 어디서 마무리를 지으면 되겠다는 것을 생각하는 거지요. 또, 어려운 것은 저녁에 자면서도 여러 가지로 생각을 해요. 어떻게 하면 주문하신 분이 원하는 대로 제 모양대로 빨리 만들 수 있을까…….”

“사극 일도 많이 하시는 데 주로 어떤 작품에서 어떤 물건들을 만드셨어요?”

“「허준」드라마에서는 산에 가서 약초를 캔다든지 약제를 자르는 작두 같은 것을 만들었어요. 그리고 ‘불멸의 이순신’에서는 모루에서부터 집게, 망치, 창 등 100가지 이상을 만들었지요.”

“굉장히 일거리가 많으시겠어요.”

“일거리는 많은데 기능공이 없어요. 제가 아니더라도 이 일을 충분히 소화할 수 있는 사람이 있으면 기술도 가르쳐주고 맡기고 싶은데 실질적으로 제가 없으면 일이 진행이 안 되기 때문에 공장에서 보내는 시간이 많지요.”

“왜 처음부터 쇠를 만지셨는지 궁금해요.”

“시골에서 형제도 많고 농사밖에 더 짓겠어요. 지금이야 광양이 제철소가 생겨서 유명해졌지만요. 그때야 산이 좋고 물이 좋은 것 뿐이지 특산물이 별로 없어서 농사짓는 것이 다였지요. 그래도 대장간은 많았어요. 그래서 왔다 갔다 하면서 도와주다가 3년 동안을 보수도 없이 일했어요. 그때가 17살이었는데 힘든 줄도 모르겠고 재미있어서 했지요. 그랬더니 아버님은 수명도 짧고 신체적 조건도 안 맞는다고 그만두라고 하셨어요. 옛날에는 숯을 태워서 했는데 거기에서 나오는 가스와 불에 달궈진 쇠에서 나오는 가스가 사람에게 많이 해롭거든요. 그래도 우리는 평생을 모르고 일만 했지요. 먼지 먹지, 가스 마시지, 땀 많이 흘리지, 항시 가슴으로 불을 보고 있으니까 건강에는 굉장히 해롭겠지요. 부모님이 하지 말라고 하는 것을 제 고집대로 해서 불효를 한 것 같지만 그래도 쇠가 너무 좋아서 이때까지 해오고 있어요."

"대장간 일이라는 것이 쉽지가 않을 텐데요. 위험하기도 하고 여름에는 덥고요."

"죽는 사람도 봤어요. 돌연마하는 것이 깨지면 큰 사고가 나기도 하는데 자기만 조심하면 그렇게 어렵지는 않아요. 옛날에는 큰망치나 일반망치질만 하면 됐지만 지금은 기계가 있어서 오히려 더 위험해요. 그리고 여름이 더워서 힘들 것 같다고 하지만 오히려 겨울보다는 여름이 나아요. 겨울에는 날이 춥고 땅이 얼면 공사가 줄어서 일감이 없지만 여름에는 일이 많아요. 땀을 흘리고 힘들어도 노력의 대가가 충분히 나오기 때문에 그렇게 힘든지 모르겠더라고요."

"요즈음에는 중국산 제품들이 많이 나와 있는데 지장은 없으세요?"

"우리는 별로 지장이 없지만 시골에서 호미나 괭이나 낫 같은 농기구만 만드는 사람들은 지장이 크지요. 중국에서 싼 제품이 대량으로 들어오니 어려움이 많지요. 제가 알기로는 우리나라 대장간이나 철물점에서 쓰는 망치자루나 곡괭이자루는 거의 100%가 중국산이에요. 근데 거의가 불량품입니다. 검열도 잘 안 되는지 그냥 시중에 나돌더라고요."

"칼 같은 경우 독일산이 좋다고들 하는데 우리나라 것과 비교해서 질적인 차이가 있나요?"

"칼은 독일이나 일본제품이 많이 들어와 있고요, 중국산은 거의 못 봤어요. 독일산이나 일본산은 스텐레스 스틸을 합금해서 단단하게 만들었는데 그래도 옛날 분들은 우리 대장간에 와서 꼭 만들어 가요. 요즘 젊은 분들은 만들어 가면 금방 녹이 슬어서 가지고 오는데 연세가 드신 분들은 절대 녹이 슬지 않아요. 물기를 잘 제거하고 관리를 잘하면 녹이 슬지 않거든요. 미국에 이민 가신 분들도 주문을 하시는데 스텐레스 스틸 칼은 미끄러지는데 제가 만든 칼은 절대 미끄러지지가 않아요. 그것은 얇게 두들기고 담금질을 많이 하고 숯 돌에 갈고 정성을 들이기 때문이지요."

"언제 모래내 가서 칼 하나 만들어와야겠네요. 담금질을 많이 할수록 좋은 건가요?"

"많이 두들기는 것이 좋아요. 두들기면 두들길수록 불에 의해서 쇠에 있는 나쁜 성분들이 빠져요. 똑같은 강도라도 대장간에서 두들겨서 단조(鍛造)로 하는 물건하고 단조도 않고 그냥 쇠를 녹여서 한 물건하고는 큰 차이가 납니다."

"처음에 서울 올라오셔서 고생도 많이 하셨을 것 같아요."

"기술은 배웠지만 공장을 차리자니 돈이 없어서 상당히 어려웠지요. 그러다 1978년에 중동에 일류기능공 자격으로 가게 되었어요. 자동차 정비공장에서 힘은 들었지만 많은 보수를 받으면서 일 년 반을 일했지요. 떠나올 때 둘째아이가 백일이었는데 집사람이 문을 못 열어보더라고요. 그래도 일주일에 한 번씩 꼭 편지를 보내주었어요."

"돈도 많이 모으셨겠네요?"

"제 용돈을 제외하고는 모든 월급이 집으로 보내졌는데 저희 형수님이 그 돈을 아내에게 생활비만 딱 떼어주고 전부 저축을 해서 모아놓으셨어요. 그래서 돈은 모았는데 아내는 그 덕분에 항상 생활비가 모자라서 금붙이를 팔아서 살았더라고요."

"부인이 굉장히 훌륭하시네요. 그때 당시 중동에 남편을 보내고 불미스러운 일도 많았잖아요."

"감사하지요. 제가 그때 당시 중동에서 돌아와서 회사에 갔더니 재정을 담당하셨던 분이 저더러 앞으로 행복하실 거라고 하더라고요. 그래서 왜 그런가 했더니 중동에 남편을 보낸 부인들이 월급을 찾으러 올 때 한 두 달이 지나면 옷차림부터 달라진다는 거예요. 그런데 우리 집사람은 일 년 열두 달 월급을 타러 올 때 아이를 업고 오더라면서 부인을 잘 만나서 행복할 거라고 그러시더라고요. 실제로 중동에서 열심히 일을 하다가 어느 날 가방 들고나가면 집에 무슨 일이 있어서 가는 거예요. 그 먼 곳에서 땀 흘려 일하면서 나라와 가정경제에 이바지도 했지만 가정파탄으로 신세 망치는 사람들도 많았지요."

"그럼 그 돈으로 공장을 차리셨나요."

"모아둔 돈과 형님이 도와 주셔서 6개월 만에 공장을 차렸는데 처음에는 신당동에 차렸어요. 공장 차리는 데만 돈을 다 써서 물건 살 돈도 없고, 중동에 다녀온 공백 기간이 있어서 주변 사람들도 잘 모르니까 상당히 어려웠어요. 기술은 좋았지만 내 손님이 없었죠. 그러다 모래내로 옮겼는데 2년 정도를 새벽부터 저녁 늦게까지 일하니까 자리가 잡히더라고요. 지금은 경제적으로 여유도 생겨서 지역에서 도움을 주는 단체도 다니면서 회비와 찬조금도 내고 어려운 독거노인, 장학금, 노인정, 불우이웃돕기 등에 적게나마 도움을 줄 수 있어서 기뻐요."

"김예섭 사장님 얼굴을 이렇게 보니까 '그래, 저렇게 사는 것이 잘사는 인생이야'라는 생각이 들었는데 혹시 아드님 두 분 중에서 가업을 잇겠다는 분은 안 계신가요?"

"아직 없어요. 다 다른 일을 하고 있지요. 처음에는 부모님이 못하게 하신 것을 자식에게 물려주고 싶은 생각이 없었지만 지금은 많이 아쉽고 후회가 됩니다. 지금은 대장간이 크게 좋은 기술이 아니지만 앞으로 십 년이나 이십 년이 지나면 진짜 좋은 기술이 될 겁니다. 왜냐하면, 없으니까요. 그만큼 희소가치가 올라가지요. 아무리 컴퓨터니 자동화니 해도 꼭 대장간에서 해야 할 일은 대장간에서 해야 해요. **요즘 스타, 스타해서 뭐 머리에 기름이나 자르르 발라가지고 무대 위에서 금방 낚아놓은 붕어처럼 팔딱팔딱 뛰어도 스타라고 그러는데 진짜스타는 이런 거죠.** 그리고 우리 아버님이 건강에 안 좋다고 하셨는데 건강은 본인이 타고 나야 하고 열심히 노력하고 자기 몸을 움직이면 병이 올 수가 없어요. 제가 무척 건강해요. 제가 지금도 세 가지가 좋아요. 첫째는 눈이 좋지요. 그리고 이가 좋습니다. 나머지 한 가지는 그냥 상상만 하세요. 하하하!

"후훗, 네 무슨 말인지 짐작이 갑니다. 그리고 만약에 대장장이를 꿈꾸는 젊은이가 있다면 어떤 말씀을 남기고 싶으신가요?"

"요즘 신세대들 보면 어렵고 힘든 일은 안하려고 해요. 그리고 부모들도 자식이 대기업에나 다녀야 자랑을 하지 어디 조그마한 회사에 다니면 자식자랑 안 해요. 이건 사회가 잘못된 겁니다. 요즘 어렵다고 대장간이나 주물공장이나 공예공장 이런 데는 사람도 거의 없습니다. 사회에서 그런 사람들을 너무나 아래로 내려다보고 정부에서도 전혀 지원이 없어요. 무형문화재같은 몇 분을 빼놓고는 알아주지도 않지요. 하지만, 대장간이라고 하는 것은 문만 열어 놓으면 돈이 들어오지요. 만들어만 놓으면 재고가 없어요. 또, 전부가 재활용이라서 우리나라같이 자원이 부족한 나라에서 재활용해서 쓴다는 것만 해도 애국일지 모릅니다. 아무도 알아주지 않는다고 해도 주인의식과 장인정신을 가지고 뭐라도 하나 내 손으로 만들려는 노력이 중요할 것 같습니다."

'천의 목소리' **고은정**

성대 하나로 울리고 웃긴 반세기

목소리 연기의 달인, 반세기가 넘는 세월동안 목소리를 무기로 격동의 현대사를 관통해 온 이가 있습니다. 가느다란 성대의 떨림은 감동과 추억의 파노라마를 무수히 연출해냈고 대중의 가슴 속을 소용돌이쳤습니다.

6 · 25 한국전쟁 당시 여자 의용군 예술대에 자원입대한 '용감한 여군'. 정치권 한복판에서 제 목소리를 내었던 '대한민국 국민'. 항암 투병 중에도 방송과 강의를 쉬어 본 적 없는 '억척스런 전문가'.

극작가로서 우리말을 바로 잡고 말의 세계를 넓혀온 '꿈꾸는 글쟁이'. 고희의 나이에도 후배 양성에 힘을 쏟는 '열정적인 스승' 등. 이 많은 표현 중, 그래도 그의 삶을 가장 잘 드러낸 말은 엄앵란, 윤정희, 김지미 같은 당대 내노라 하는 여배우들의 목소리를 도맡아 연기한 '천의 목소리' 라는 것!

지금도 여전히 아름다운 목소리로 드라마처럼 굴곡 많던 자신의 지난 인생을 생생하게 재연하고 있는 성우 고은정 씨를 만났습니다.

"고은정 선생님 앞에서 방송을 하려니까, 발음이 맞나 하는 생각에 벌써 떨립니다. 평소에도 종종 뵙는 분이지만 이렇게 스튜디오에 모시니까 새롭네요."

"제가 더 떨립니다. 호호, 사실, 새벽에 위경련이 일어나서 죽다 살아났습니다. 아이 낳는 것보다 더 아프더군요. 그런데도 제일 걱정이 되는 것은 역시 방송이었어요. 작년에 어머니 돌아가실 때도 그 이튿날 나갈 방송이 있어서 그냥 방송을 했거든요. 돌아보니 방송을 최우선으로 놓고 평생을 살았네요."

"참 방송이라는 것이 그래요. 대중과의 약속이기 때문에 늘 개인의 삶은 뒤에 놓아야 하는 것 같아요. 선생님은 우리에게 늘 다정한 선배, 그냥 말없이 지켜봐 주시는 선배님이셨는데 사실 고은정 선생님 하면 한 시절에 지금의 스타들이 부럽지 않을 정도로 인기를 누리셨잖아요."

"글쎄 누렸는지는 몰라도 즐기지는 못했던 것 같아요. 밤낮 앞으로만 가느라고 허덕거렸지……."

"근데 목소리는 안 늙나봐요? 특별히 목소리 관리를 하십니까?"

"사람의 인체 중에서 목소리가 제일 안 늙는다고 그러더라고요. 특별히 관리를 하지는 않았지만 오랫동안 아침에 일어나면 물을 마시는 습관이 있어요. 그리고 누가 가르쳐주지는 않았지만 늘 목에 스카프를 감고 다니지요. 잘 때도 하고 자고 그래요."

"목소리도 타고 나는 것인데 부모님 중에 누굴 닮으셨는지 궁금해요."

"글쎄요, 너무들 일찍 돌아가셔서……. 친어머니는 여덟 살에 돌아가시고 키워주신 어머니는 작년에 돌아가셨어요. 지금도 기억에 생생한 것이 제가 초등학교 독창회 때 '엄마 있다가 와!' 하고 아침에 등교했는데 집에 오니까 이미 돌아가셨더라고요. 엄마는 저를 무릎에 놓고 밀레의 그림을 설명해주고, 차이콥스키의 음악을 설명해주셨지요. 지금도 그때가 유년의 향수로 남아 있어요."

"그 시절에 밀레와 차이콥스키라……, 흔하지 않은 정서인데요."

"어머님과 아버님은 두 분 다 경기고와 연세대를 나오셨어요. 특히 어머님은 일본에서 나고 자라셨지요. 아버지는 상과 공부를 하시고 우리나라 최초의 유통업인 동아부인상회의 지사장으로 계시다가 나중에는 독립을 하셨고 6.25 때 교통사고로 돌아가셨어요. 그 이후에는 우리 다섯 남매를 새어머니가 혼자서 다 키워주셨어요. 새어머니는 어머니가 막내동생을 낳으실 때 조산원을 하셨고, 직접 막내동생을 받아주셨지요."

"그런 아픈 사연이 있는지는 정말 몰랐어요. 늘 목소리가 고우시니까 누굴 닮으셨는지 궁금했어요."

"아버지 돌아가실 때가 고등학교 2학년이었어요. 그때 부산에서 공부를 하고 있었는데 어머니가 떠나실 줄 알고 동생들 돌봐야겠다는 생각에 각오를 하고 올라왔어요. 그때는 서울에 있던 학교가 다 부산에 내려가 있었기 때문에 '말은 제주도로 보내고, 자식은 서울로 보내라' 고 하지 않느냐고 우겨서 다섯 남매 중에 유일하게 혼자 내려가 있었죠. 새어머니는 어려운 상황에서도 우리 남매를 다 시집 장가보내셨어요. 평생을 우리 다섯 남매를 위해 사셨죠."

"의용군에도 입대를 하셨던데 언제 입대를 하신 건가요?"

"6 · 25전쟁이 나고 9 · 28수복을 하면서 평양과 신의주를 비롯하여 제가 다니던 서울의 작은 중학교까지 뭔가를 하겠다고 다들 의지를 불태웠어요. 그땐 사회분위기가 막 가슴을 뛰게 했어요. 이젠 통일된다고 여자도 뭔가를 해야겠다고 한참 결의에 차 있을 때 여자의용군에서 예술대를 모집한다고 학교로 통문이 왔다고 해요. 한성여고의 밴드도 오고 동덕여고의 무용부도 왔지만 우리 학교는 공식적으로 합창부를 보내지는 않았어요. 그래서 우리끼리 자원해서 갔죠."

"그때가 열 여섯이셨는데 가니까 더 어린 학생도 있고 그랬나요? 또, 합창단으로 가셨는데 군대생활 이야기가 궁금해요."

"우리가 제일 어렸어요. 예술대가 일반 병과의 아이들보다 머리 하나가 적었지요. 그래도 훈련받을 것 다 받고 새벽이면 남산도 뛰면서 여군하고 똑같이 훈련했어요. 다른 것은 그 사람들이 병과에서 총기공부를 할 때 우리는 뭐 무용연습, 조선 춤, 합창연습, 발성 등의 연습을 했죠. 부대에 가서 위문공연을 하려는 것이었는데 중공군들이 쳐들어오는 바람에 부산으로 밀려갔지요. 처음 부산에 도착해서 배에서 내리는데 산은 코 앞에 닿을 것 같고 춥기는 엄청나게 춥고 생전 처음 집을 떠난 거라 낯설고 그랬지요.

영도의 어느 교사에 갔는데 유리창이 깨지고 흙이 버적버적 하는데 두세 명이 한 장씩 가지고 온 담요를 쌓아 놓고 오버를 걸치고 그 위에서 자는 거예요. 얼마나 어린 마음에 착잡해요. 밤중에 집 생각이 나서 잠을 설치고 있는데 밖에서 '고요한 밤, 거룩한 밤'이 들려오는 거예요. 잠 못 이루고 창가에 서니 아주 커다란 달이 눈에 들어오는 거예요. 볼멘소리로 '어둠에 묻힌 밤…….' 하는데 더는 할 수가 없더라고요. 얼마나 부둥켜안고 울었는지 몰라요."

"그럼 집에는 언제 오신 건가요?"

"그 다음 해에 발이 다쳐서 의무실에 있는데 저를 예뻐하시던 목사님이 일부러 찾아오셨어요. 그러면서 막 타락한 여자를 보듯이 화를 내시는 거예요. 난 너무 억울했죠. 나라를 위해서 의용군 갔는데……. 그래도 그때 목사님이 2만원 용돈을 주시고 가셨어요. 지금 생각해도 신통한 것은 제가 그걸 가지고 나가서 도넛츠 하나를 안 사먹고 보들레르, 쉘리, 바이런 등 2만 원어치 시집과 책을 샀어요. 그걸로 막사 한 귀퉁이에 서가를 만들어서 같이 보자고 했지요. 그러다가 휴가를 가라기에 그만두었어요. 공부도 해야 하고……. 그래서 난 공연도 못 했어요."

"그때부터 문학소녀셨군요. 제가 오랫동안 선생님을 잘 알았는데 군대 얘기는 처음 알았어요. 진짜 용감하셨어요. 열여섯이면 어린 나이인데……. 그럼 지금도 군번이나 이런 것이 남아있나요?"

"그럼요. 남아있죠. 군번도 있고 육군제대처리가 되어서 참전용사로 정부에서 돈도 나와요. 근데 그게 생활이 될 만큼 받으면 얼마나 행복하겠어요……. 호호호."

"상상 못할 어린 시절을 보내셨는데 성우는 어떻게 되셨어요?"

"난 참 신기한 것이 피난시절인데도 연극이니 음악이니 할 건 다 했어요. 우리나라가 대학 무대경연대회를 그 전쟁 통에도 했으니까요. 고등학교 내내 연극을 하고 대학교에 갔더니 우리 학교가 연극 경연대회 2회에 출연을 한다고 해요. 그래서 지원을 해서 남자단역으로부터 시작해서 활동을 했죠. 그러다 선배 하나가 '방송극회원 모집'을 한다며 시험을 보자고 해서 아르바이트로는 최고일 것 같아 시험을 봤죠. 우리 학교에서 4명이 봤는데 나까지 두 명이 붙었고 그나마도 한 명은 몇 년 하다가 죽고 저만 남았어요."

"보통 스타가 되는 사람들은 다 그냥 쫓아갔다가 되고, 열심히 한 사람은 떨어지고 그러더라고요. 들어가서는 어떠셨어요?"

"어느 분야건 고난이 없으면 열매가 없는 것 같아요. 맨 처음 가서 석 달을 연수받고, 3월 1일에 애국시 낭송을 하라고 그래요. 50년대의 특집은 다 시낭송이었는데 어제 연수 끝나고 오늘 바로 뽑혔으니 얼마나 가슴이 벅찼겠어요. 그때는 살기도 어려웠고 라디오도 몇 대 없었는데 온 세상이 내 목소리를 들을 것 같아서 설레었어요. 삼천만이 내 목소리를 듣는다고 흥분해서 스튜디오에서 열심히 하고 있는데 그때 당시 최고로 높은 분이 막 들여 다 보시는 거예요. 저는 제가 잘해서 그러는 줄 알았죠. 끝나고 사우나 한 것처럼 후련하게 딱 문을 열고 나왔는데 그분이 소리를 지르시는 거예요. 연습 때 뭐 들었느냐고. 너무 마이크 앞에서 강하게 하는 바람에 마이크 속에 납이 진동해서 들어가는 핀 하나가 붙어버렸던 거예요. 생방송이라서 어떻게 하지도 못하고 엔지니어는 발만 동동 구르고…….

그 다음부터는 안 뽑히더라고요. 그러다가 우여곡절 끝에 시험을 봐서 정식 아나운서가 됐는데 이건 또 너무 재미가 없는 거예요. 매일 시간을 고지하는 방송과 '역사의 향기', 박진자, 김기대 연출……. 버드나무를 보내드리겠습니다!' 이러고 딱딱한 멘트만 하는데 우리 동기들은 '아씨~호호호! 마님~하하하!' 울고 웃으면서 드라마 녹음을 하는 거예요. 저게 진짜지……. 감정을 표출하는 것이 진짜지 나는 이게 뭔가 하는 생각에 너무 속이 상해서 후회했어요. 마이크에서 '지금까지 나오신 분 누구에 누구…….' 하려니까 숨이 탁 막히는 거예요. 재미가 없으니까 잘 못하게 되더라고요. 게다가 예뻐해 주시던 계장님마저 미국에 간 사이에 차장님이 그렇게 핀잔을 주시는데 '미스 고! 케이비에스지 게이비에스가 뭐야! 그리고 에취엘케이가 뭐야! 에이취엘케이지.'"

"그래서 다시 성우로 전향하셨나요?"

"프리랜서로 다시 일했죠. 그때부터 '청실홍실'을 필두로 라디오 드라마가 인기를 얻기 시작했어요."

'청실홍실'은 56년 당시에 저도 들었어요. '산 넘어 바다 건너 조남사 작, 이보라 연출…….' 그때 당시 저희 집에는 라디오가 없었고 셋방 사시는 아주머니가 라디오가 있었는데 그 라디오방송 드라마를 들으려고 툇마루에서 한 시간씩을 앉아서 기다리던 기억이 나네요. 고은정 선생님, 주상현 선생님, 고민 선생님, 김소원 선생님……. 정말 저에게는 꿈의 스타였거든요."

"웬 별 말씀을……. 1959년에 '장희빈' 할 때는 이미 밥 먹을 시간도 잠잘 시간도 없었어요. 한 번은 '장희빈' 방송이 나갈 때 목욕탕에 갔는데 여자들이 수건을 가리고 우르르 나와요. 카운터에서 '장희빈'을 듣겠다고 벗은 채로 다 나와서 있는 거예요. 다른 사람들이 '어머나 여우~' 하면서 전부 다 욕을 하고 저는 태연스럽게 목욕을 하고 나왔죠."

"선생님 얼굴을 못 알아봐서 생기는 일화도 많았을 것 같아요."

"무척 많았죠. 상상보다 아름다운 건 없으니까요. 사실은 제가 그렇게까지 못나지 않았건만 라디오를 들으면 너무 최고로 해놓으니까 어떻게 저렇게 넙대대하냐면서 놀래요. 반대로 엄앵란 씨는 영화에서는 은쟁반에 옥구슬 굴러 가는 소린데 실제 목소리는 아니라고 사람들이 놀라니까 아예 밖에 나오면 말을 하지 않았어요."

"영화에서 후기녹음이 한창 전성기일 때는 하루에도 몇 편씩 하시고 그러셨나요?"

"그걸 어떻게 하루에 몇 편을 해요. 최고 기록이 18시간인데 요새도 남아있는 「맨발의 청춘」이 정말 앉을 시간 없이 서서 밥 먹으며 한 영화예요. 그 한 시간 반짜리 영화의 완성을 위해 밤낮으로 대사를 맞추고……. 회상해 보면 난방도 냉방도 안 되는 방에서 얼음물 드럼통에다 수건을 넣었다가 목에다가 메고 더우니까 땀이 발등으로 뚝뚝 떨어지는데……. 남자들은 피곤하니까 담배들을 피워대고……. 또, 겨울에는 부츠신고 목도리 두르고 있는데 엄앵란 씨가 찍어 온 하와이 바닷가 신에서 '아이 시원해요~'……. 그 코미디는 말도 못해요. 그래도 즐겁게 한 일이니까 고생이라고는 생각하지 않아요. 또, 그런 시절을 거쳐서 영화가 오늘날에 이른 것이고요."

"정말 그 뒷얘기는 책으로 써야 할 것 같네요. 그런데 고은정 선생님 하면 보통 우리나라 최고의 성우라는 것은 모두가 알아요. 하지만 뛰어난 작가라는 사실은 많은 분이 잘 모르시는 것 같아요. 작가는 언제 데뷔를 하셨는지 말씀해 주세요."

"최선을 다 해 성우를 하면서도 마음 한구석에 늘 풀리지 않는 것이 있었어요. 66년부터 이미 방송에서 '고운 정 미운 정'이라는 십 분짜리 칼럼을 써왔고 청탁원고도 많이 썼지만 해마다 신춘문예에 대한 갈증이 있었거든요. 그래서 내게 맞는 분야인 MBC 라디오 공모전에 올케 이름으로 이민 얘기를 써서 응모를 했지요. 선입관 때문에 가명으로 냈는데 그게 당선이 되었어요. 나중에 이 사실을 알게 된 관계자 한 분이 저더러 욕심쟁이라면서 '당신은 방송의 금자탑이야' 그러시는 거예요. 그래서 제가 그랬어요. '금자탑은 서 있으면 되지만 나는 사람이니까 가야 해!' 라고요."

"그 많은 방송활동과 집필활동과 인기……. 세상에서 굉장히 부족함 없는 돈과 명예를 가지셨는데, 돈 때문에 고생을 하셨다는 말을 들었어요."

"사업하는 육촌 동생에게 집문서를 맡겼다가 쫓겨날 위기에 처해서 아직도 이자를 물고 있지요. 별로 공개하고 싶지는 않은데 어쨌든 그걸 통해 신앙이 바로 서는 계기가 됐으니 나쁘다고만 할 수는 없는 것 같아요. 하지만 우리나라 사업하는 사람들 반성 좀 해야 할 것 같아요. 다 그런 건 아니지만 그렇게 '눈 가리고 아웅' 하는 식으로 사기성을 가지고 사업하면 언제 사회가 맑아지겠어요."

"유방암수술을 2000년에 하셨다는 말을 들었는데 지금은 괜찮으신 건가요?"

"방송위원 할 때 종합검진 받고 재검진하라고 해서 받았다가 암이라는 걸 알게 되었어요. 근데 정신없이 방송할 때라 입원하기 전날까지 일하고, 수술하는 날도 원고를 썼어요. 크리스마스에 나갈 특집방송이었는데 취재는 해 놓고 방송원고가 없어서 그 작업을 하느라 병원에 입원해서도 일을 했지요. 이틀 밤을 새우면서 원고를 써내려갔는데, 수술 받는 당일 날 아침까지 완성을 못 한 거예요. 첫 수술로 예정되어있었는데 결국은 원고 다 완성하고 세 번째로 수술을 받았어요. 수술실에 들어가기 전에 간호사가 영양주사를 놓는데 이틀 밤을 못 잤으니까 그냥 자연스러운 마취가 되어버렸어요. 수술실에 어떻게 들어갔는지도 모르게 잠들어 버렸고 깨어나니까 이미 병실이더라고요."

"우리가 농담으로 바빠서 죽을 시간도 없다고 하는데 진짜 너무 하셨네요. 그래도 수술이 잘 끝나고 이렇게 건강한 모습으로 뵈어서 정말 좋습니다. 지금도 늘 바쁘게 일하고 계시는데 앞으로 하실 일들에 대한 계획들이 궁금해요."

"제가 해야 할 일은 글 쓰는 일이에요. 앞으로 2월이면 개강을 하는 학교 두 곳과 KBS아카데미 등에서 강의를 해야지요. 그렇다고 일을 막 찾아서 하지는 않아요. 그냥 내 본분이라고 생각하지요. 건강이 허락하는 한 저의 본분과 해야 할 일에 최선을 다하고 싶습니다."

"네, 너무 감사합니다. 세상에 그냥 이루어지는 일은 없다는 생각이 드네요. 고진감래(苦盡甘來)라는 고사 성어가 생각납니다."

'빠떼루 아저씨' **김영준** 교수

감칠맛 나는 해설의 '탄생 비화'

때는 지난 1996년이었다. 그때는 애틀랜타 올림픽이 미국에서 열리고 있었다. 88 올림픽을 거뜬히 치러낸 우리 선수들은 그곳에서 열심히 경기를 펼치면서 선전을 하고 있었습니다. 레슬링은 그중에서도 아주 비인기 종목 중의 하나. 그런데 홀연히 나타난 레슬링 해설가가 있었습니다. 이른바 빠떼루 아저씨의 출연이 그것입니다.

"저 선수 빠떼루 줘야 함다!"로 통하던 구수한 전라도 사투리, 흥분한 모습이 역력한 리얼한 경기장면 묘사, 가끔 튀어나오는 방송적이지 못한 표현들, 이것 때문에 일약 스타덤에 올랐고 덩달아 레슬링도 인기종목으로 떠올랐습니다.

운동선수도 이제 기술로서의 운동만이 아니라 공부하고 연구하지 않으면 안 된다고 충고하는 빠떼루 아저씨!

국가대표 레슬링 선수 출신으로 경기대학교에서 교편을 잡고 있는 김영준 교수를 만나보았습니다.

"벌써 십 년이 넘도록 사람들은 교수님을 빠떼루 아저씨로 기억을 해요. 실물은 처음 뵙는데 굉장히 체구가 아담하고 단단하시네요. 손도 그렇게 크지도 않으시고요. 요즘도 운동을 하시나 봐요. 건강관리는 어떻게 하시는지요?"

"지금도 제가 지나가면 이름은 잘 몰라도 빠떼루 아저씨 간다며 좋아해주십니다. 건강은 특별히 관리는 하지 않지만 아침에 일어나면 늘 운동을 해요. 선수시절에는 경량급이었기 때문에 몸무게가 48,52kg이었지만 지금은 73,74kg 정도의 몸무게를 14년간 유지하면서 아주 편안하게 잘 지냅니다."

"교수님도 하시고 스포츠문화원도 운영을 하시던데요."

"주택공사에서 27년 근무하고 수원의 경기대학교 스포츠과학 대학원에 교수로 재직한 지는 7년째입니다. 스포츠문화원은 대부분의 교수가 가지고 있는 연구 분야의 자원들을 사회에 환원하는 차원에서 생활체육에 참여도 하고 서로 동고동락하는 뭐 그런 취지에서 운영하고 있습니다."

"레슬링 선수로 출발하셨는데 그때의 이야기가 궁금해요."

"고1 때까지 계속 유도를 하다가 선배의 권유로 레슬링을 시작했어요. 제가 키도 작고 몸집도 작아서 날렵하게 보였던 모양이에요. 1년 2개월 정도를 해서 전라북도 대표선수가 됐고 그해 전국체전에서는 2등을 했어요. 고3 때 조선일보 주최 청룡메달에서 고등학생으로는 드물게 2등으로 뽑히면서 본격적인 레슬링 수업을 받았지요. 그 후 1970년 아시안 게임에서 동메달을 딴 것을 시작으로 72년 뮌헨올림픽까지 국가대표선수로 활동을 했고, 유인탁, 김원기 선수가 금메달을 땄던 1984년 LA 올림픽에서는 감독을 했지요."

"레슬링도 등급이 있는데 선수를 분류하는 것과 경기방식은 어떻습니까?"

"우리 때는 플라이급, 밴텀급, 페더급, 라이트급이었지만 지금은 체급으로 나눕니다. 54kg 미만부터 있고, 130kg 넘으면 자격을 주지 않습니다. 경기방식은 자유형(프리스타일)과 그레코로만형이 있어요. 자유형은 머리끝에서 발끝까지 어느 부위든 상관없이 상대 선수를 공격하여 걸어 넘겨서 점수를 따면 되는 부문이고, 그레코로만형은 상체부위를 공격하는 기술로 점수를 따는 스타일입니다.

예를 들면 옛날에 심권호 선수가 금메달을 따는 스타일이 그레코로만형 스타일이고, 유인탁 선수가 금메달 따는 형식이 자유형이고 그렇습니다. 우리나라가 처음에는 자유형이 강했는데 지금은 그레코로만형으로 메달을 많이 따고 있습니다."

"레슬링은 체급을 분류하는데 체중이 굉장히 까다롭다고 들었어요."

"옛날에는 매일 시합 4시간 전에 체중을 쟀어요. 사람이 체중을 많이 줄이고 밤에 혼자 누워 있으면 아무런 소리도 들리지 않고 처마 밑에서 물 떨어지는 소리만 들려요. 그 고요한 소리에 귀 기울이고 하룻밤을 꼬박 새우게 되지요. 이러한 고통 속에 체중을 감량하고 시합을 시작하는 것입니다. 장창선 선수의 경우도 금메달을 눈앞에 두고 체중 200그램을 줄이고자 사우나 실에서 사투를 벌이며 밖에도 못 나오게 했던 것입니다.

요즘에는 24시간 전에 체중을 재고 하루에 시합을 끝내기 때문에 많이 좋아졌죠. 저는 48,52kg의 경량급이었는데 8년 동안 먹고 싶고 마시고 싶은 것 참고 견디면서 그 체급의 대표선수 생활을 유지했어요. 오죽하면 여덟 형제의 장남인 저만 키가 작고 다른 형제들은 키가 커서 동생들이 늘 저를 '분재인간' 이라고 불러요."

"그럼, 레슬링 선수들의 훈련 방식은 어떻습니까? 올림픽에서 메달을 많이 따는 효자 종목이니만큼 그 이면에는 수많은 땀과 노력이 있을 것 같은데요."

"참 혹독하고 어렵고 힘들었어요. 보통 8시간 이상을 스파르타식으로 훈련합니다. 아침에 6시부터 4km 정도 달리는 것을 시작으로 점심 전에 웨이트와 써킷트 트레이닝을 충분히 하지요. 그리고 오후에는 기술훈련을 해요. 레슬링은 순발력과 지구력을 겸비해야 하기 때문에 훈련이 혹독할 수밖에 없습니다.

지금은 괜찮지만 그때의 우리는 기술개발보다도 정신무장을 하고 경기를 해야 했기 때문에 기합도 많이 받았어요. 많은 양의 훈련을 하다 보니까 그 뒤에 숨어 있는 비애들은 이루 말할 수가 없죠. 인간이 무엇인가를 극복하기 위해 열 계단을 오른다면 여덟 계단까지는 무난하게 가지만 두 계단 올라가기가 힘이 들지요. 당연히 그것을 올라가는 방법은 쉽지 않을 것이고요."

"그렇게 안 맞으면 잠이 안 올 정도의 호된 기합과 귀에 실핏줄이 터져가면서까지 했던 심한훈련……. 부모님의 반대는 없으셨는지요."

"무척 반대하셨죠. 제가 국가대표를 마칠 때까지 시합 한 번을 오신 적이 없습니다. 특히 아버지는 8남매의 장남인 제가 공부를 좀 해서 면사무소 서기나 수리조합 서기 하기를 바라셨는데 하라는 공부는 않고 운동만 하니까 굉장히 못마땅해 하셨죠."

"김영준 교수님 하면 아무래도 감칠맛 나는 해설이 떠오르게 됩니다. 해설하신 이야기 좀 부탁해요."

"운동 끝나고 주택공사에서 계속 근무를 하면서 중계도 하게 되었습니다. 끝나고 아버님께 시합에 대해 물어보면 잘 설명을 못 하세요. 누가 금메달을 땄다는 것은 아시지만 어떻게 땄느냐고 물어보면 모른다고 하시더라고요. 자식이 중계한 것을 아버지가 모를 정도면 그건 실패죠.

그때만 해도 레슬링이 일본유학생으로부터 들어왔기 때문에 멋스럽게 해설한다고 일본말과 영어와 불어 등의 외래어를 섞다 보니까 우리 시청자들 대부분이 이해를 못 했어요. 그러다 보니 점점 관심도 줄어들게 되죠. 그래서 육순 넘은 우리 아버지도 알아들을 수 있는 해설을 해야 하겠다 생각하고 연습을 하기 시작했죠.

제가 해설에서 중요하게 차별화를 두었던 것은 두 가지였어요. 하나는 레슬링 기술을 전부 압축시키고 정형화시켜서 편안하게 우리말 음소로 바꾸는 것이었고, 다른 하나는 경기결과에 대한 예측이었어요. 편안하고 쉬운 해설과 함께 정확한 데이터를 가지고 어떤 선수가 이기고 질지를 예측해서 시청자들의 궁금증을 풀어주는 것이었죠.

예를 들어 '찌끄나이프 잡았다'를 '저런 때는 팔을 맞잡고 우쪽으로 돌리면 2점이죠'라던가, 또 대부분이 한 선수가 오른팔을 잘 잡으면 상대선수가 왼발을 잘 지탱하는데 그 자세의 발에 있는 동작에 따라서 누가 빠른가가 금방 나타나요. 그런 상황의 설명을 통해 누가 이길 것인가에 대한 정보를 주고 우리 선수가 애절하게 졌을 때는 안타깝게 표현해 주면서 재미와 흥미를 주는 거죠. 또, 이 빠떼루 자세가 재밌잖아요."

"정확히 빠데루가 무엇인가요."

"빠떼루는 불어로 된 레슬링 용어예요. 고의로 눈을 찌르거나 머리를 잡아당긴다거나 팔을 비트는 반칙을 한 선수에게 벌칙으로 무릎을 꿇게 하고 뒤에서 공격을 하도록 하는 거죠. 한때는 프랑스를 주축으로 하는 유럽의 레슬링이 강했어요. 그래서 프랑스 용어가 많은데 대부분 '파테르'로 발음을 해요. 우리나라는 문교부 표기법상 '파'는 '빠'로 발음을 하지요. 게다가 스웨덴 강사들이 심판강습을 많이 오는데 스웨덴 발음이 '빠떼루'여서 대부분이 심판강습을 받으면서 구전으로 내려오게 되었지요."

"해설을 그냥 하시는 것이 아니라 굉장히 많이 연구를 하시고 특히 아버님을 모델로 잡았다는 것은 정말 맞는 말인 것 같아요. 보통 우리 관객들은 아버님 정도의 수준이고 전문가가 아니잖아요. 애틀랜타 올림픽을 통해 빠떼루 아저씨로 소위 스타덤에 오르셨는데 처음에는 실수도 많으셨을 것 같아요."

"그때는 표준말만 써야 했으니까 많이 혼났는데 그래도 시합을 보다 보면 흥분하게 되니까 '머리'를 '머리끄댕이'라고도 하고 고향이 전라도 부안이라 급하면 사투리도 나오고 그랬지요. 0.1초를 다투는 시합이다 보니 많이 흥분되고 급할 수밖에요. 한때는 그런 것이 금기시됐지만 제 이후로는 오히려 그것이 유행이 되기도 했어요.

애틀랜타에서 돌아와서는 실감이 나지 않을 정도로 유명세를 치렀어요. 그때만 해도 방송은 하일성씨 같은 분만 하는 것으로 생각했는데 방송 섭외가 들어오기도 하고 CF도 좀 찍고……. 다니는 곳마다 '빠떼루 간다!' 하면서 부르니까 가족들이 같이 안 다니려고 하기도 했어요. 하지만, 사람들이 보면 좋아하고 웃으니까 보람되기도 했어요."

"부인이 무용을 하셨던데요?"

"우리 집사람이 콩깍지가 씌어서요. 그때만 해도 저는 키도 작고 시골출신에다 직장도 그저 그랬는데 저를 선택해주어 무척 고맙지요. 그래서 결혼하고 일년동안 밥도 제가 다 했습니다. 지금까지 걸레질도 해주고요. 하하하."

"호호, 운동이 끝나고 주택공사에 입사하셔서 27년을 근무하셨는데 그때 이야기도 궁금합니다."

"사실 운동선수가 뭘 하냐는 편견으로 많이 힘들었어요. 지금은 컴퓨터로 모든 업무들을 하지만 그때는 주판으로 했기 때문에 대학원 졸업하고 주산부기학원과 펜글씨학원을 6개월간 다니기도 했지요. 그런데 열심히 준비해서 시험을 보고 진급을 해도 운동선수라는 선입견 때문에 운이 좋아서 된 거라는 말을 듣기도 했어요.

그때 오기가 생겨서 늘 남보다 한 시간 더 일찍 가고 한 시간 더 일했어요. 내가 운동선수로서 무너져버리면 내 뒤의 후배들과 다른 운동선수들이 욕먹을까봐 정말 부지런히 살았어요. 말단직원으로 시작해서 홍보실장까지 했는데 모든 운동선수 중에서 유일하게 자회사가 아닌 곳에서 홍보실장까지 한 사람은 저뿐일 거예요. 한때는 승진시험을 위해 아내와 아이는 처가에 보내놓고 퇴근 후에 사설행정학원을 6개월 동안 다녔어요. 매일 여섯 시간을 공부했는데 지금도 눈감고도 시처럼 줄줄 외울 정도예요.

그렇게 해서 계장시험에서 2등도 하고 또, 건설부의 네 개 공사에서 계장 20명씩을 3개월간 연수 교육시킬 때도 다른 사람들 술 먹고 즐길 때 잠 한숨을 줄여가며 공부를 해서 1등을 하기도 했어요. 저는 운동선수가 체력과 정신은 누구보다도 강하기 때문에 그것만 잘 활용한다면 져야 할 이유가 없다고 생각해요."

"쉰이 넘어서 박사과정을 수료하셨어요. 정말 열정적이신데 교수로서의 생활은 어떠세요?"

"공채로 교수되고 스포츠경영 박사학위를 마쳤는데 제가 선수, 코치, 감독을 다 해봤기 때문에 실무와 이론이 겸비되어 있고 수많은 현장경험을 가지고 있어서 제자들이 많이 좋아합니다. 지금도 매일 신문 스크랩도 하면서 계속 배우는 것에 집중을 하고 있어요."

"레슬링계를 지켜온 레슬링계의 대선배로서 후배들에게 당부하고 싶으신 것도 많으실 것 같아요."

"두 가지를 말하고 싶어요. 첫째로. 세상을 살면서 즐거움만 가득하면 안 됩니다. 역시 많은 것을 얻을 수 있는 것은 고통이고 노력일 것입니다. 그래서 첫째도, 둘째도, 셋째도 살아가는 방식은 노력이 되어야 한다고 말하고 싶어요. 두 번째는 운동선수들도 이제는 옛날처럼 기술자적인 레슬링 선수와 운동선수로 남기보다는 생각하는 기술자가 되었으면 좋겠다는 것입니다.

대부분 초등학교 때부터 재능이 보이면 그 길에서 최고가 되고자 공부는 아예 시키지도 않고 훈련만 하는데 그것은 잘못된 것이라고 생각해요. 자연, 사회, 문화, 인문학적인 것들의 기본적인 바탕 위에서 훈련을 쌓아야 합니다. 늘 꾸준히 공부하고 자신의 생각과 기술을 갈고 닦아야 합니다."

삶의 통찰로 침묵을 노래하는 **유진규**

"마임니스트"

생각하기 좋아하는 소년이 있었다.

소년은 "나는 뭘까? 나는 왜 존재하는 걸까?"

이런 질문을 놓고 늘 고민했다.

아주 조숙한 그 소년은

길을 걷다가 발견한 들꽃 한 송이,

나폴 나폴 날아가는 나비의 날갯짓,

나뭇가지를 잔잔히 흔드는 바람…

자신을 둘러싸고 있는 대부분의 것들이

아무 말 없이 제 역할을 해내고 있는데,

어쩐지 자신은 무기력하게 느껴졌다.

그래서 소년은 자신의 몸으로

꽃과 바람과 하늘을 표현해 보기로 했다.

하지만 어떻게 해야 할지 난감했다.

어느덧 청년이 된 소년은 자신의 존재가치를 깨닫기 위해 하던 공부를 포기하고, 침묵의 언어인 마임에 몰두하기 시작했습니다. 그리고 이제 그는 우리나라를 대표하는 마임니스트가 되었습니다.

우리나라 마임 1세대이자, 춘천마임축제 예술 감독, 그리고 마임의 집 대표인 유진규씨!(마임은 침묵의 언어이고 몸으로 의사를 전달하는 예술입니다.)

그의 몸을 거치면 사람, 사물, 생물, 자연현상, 우주의 소견까지 이 모든 것들이 눈앞에 생생하게 그려집니다. 숱한 말보다 더 힘 있는 침묵의 언어로 삶과 자연을 표현하는 유진규 마임니스트를 손숙의 아주 특별한 인터뷰에서 만나보았습니다.

"삶의 통찰로 침묵을 노래하는 마임니스트 유진규선생님, 50대 중반이신대도 전혀 그렇게 보이지를 않아요. 젊음을 유지하는 비결이 뭔가요? 특별히 하시는 운동이 있으세요?"

"마임을 하려면 몸을 움직여야 하는데 몸이라는 것은 마음이 같이 움직여야 하는 것입니다. 그래서 늘 몸과 마음을 함께 하려는 노력이 이렇게 보이도록 만드나봅니다. 저는 운동이라기보다는 몸을 푼다고 해서 요가같은 것을 해요. 요가와 같이 몸을 풀면서 잡념을 없애고 마음을 하나로 하는 과정을 매일 거치지요. 빠른 움직임은 아니에요. 자연의 흐름이랄까……. 지구가 도는 속도가 굉장히 느리거든요. 해가 지는 속도가 지구가 도는 속도라고 하는데 그렇게 저를 감싸고 움직이는 속도감을 같이 느끼는 것이지요. 특별히 어떤 동작이라기보다는 그런 움직임과 호흡자체를 내 주변을 감싸고 있는 호흡과 같이하는 것입니다. 그러다보니까 여러 가지 남들이 안 쓰는 특이한 움직임이 나오는데 굉장히 느린 움직임이 많이 나오죠."

"마임의 집에는 마임을 배우는 제자들이 많습니까?"

"예전에는 제자들이 많았는데 지금은 많이 끊겼어요. 제 작품이 어렵다고 하고 요즘 젊은이들 취향에 잘 안 맞는지……. 그렇지만 강습은 많이 합니다. 제 작품 중심이라기보다는 마임이라는 것이 무엇이고 마임을 하려면 어떻게 해야 되는지에 대한 강습에는 많은 사람들이 참석을 하고 있습니다."

"2007년 춘천마임축제가 최우수축제로 선정됐다고 하던데 이제라도 축하드립니다."

"현재 우리나라에는 특산품을 위주로 한 축제, 지역을 중심으로 한 여러 가지 전통축제들을 비롯해 저희 같은 공연예술축제까지 천여 개가 넘는다고 해요. 그래서 문화관광부에서 이 축제들을 선택하고 집중할 수 있는 방법으로 대한민국최우수축제를 선정하는 작업을 8년 전부터 해오고 있는데 저희 축제가 7년간 우수축제로 인정받다가 작년에 최우수축제로 선정이 되었지요."

“제 개인적인 생각으로는 축제가 많은 것도 좋지만 내용면에서는 약간의 정리도 필요한 것 같아요. 최우수축제로 선정되면 뭔가 혜택이 있나요?”

“일단 예산상의 지원이 많아지겠지요. 지방자치단체에서 예산이 생기겠고 기업체 같은 곳의 협찬을 유도할 수도 있겠고요. 하지만 무엇보다도 이것이 국내의 축제로 머무는 것이 아니라 세계 속의 대한민국 대표축제로 키우려는 노력이기 때문에 국제적으로 널리 알리는 계기가 될 것 같습니다.”

“말은 없지만 뭔가 뜻을 지니고 있는 다른 것들이 많이 있다는 것에 눈을 뜬 소년……, 유진규 씨의 공연과 삶을 보면 어렸을 때부터 굉장히 남다르지 않았나 하는 생각이 들어요. 어렸을 때 어떤 소년 이었어요? 서두에 소개를 하긴 했지만 개인적인 생각이 궁금해요. 또, 부모님은 어떤 분들 이셨는지도요.”

“저는 늘 혼자 조용히 있었던 것 같아요. 남들 어울리는 곳에 끼지를 못했어요. 늘 바라보는 입장에 있었고 어른들이 애늙은이라고 했지요. 중학교 때는 별명이 돌부처였어요, 하하하. 말없이 사물을 바라보는 관조의 습관으로 주위에 말 없는 것들에 대해서 관심을 많이 갖게 되었지요. 말할 수 있는 유일한 것은 사람이지만 말이 다가아니고 말이 없지만 뭔가 뜻을 지니고 있는 다른 것들이 많이 있다는 그런 것들에 눈을 뜬 것 같습니다. 저는 서울에서 나고 자랐지만 부모님의 고향은 황해도셨어요. 아주 평범한 분들이셨고 저도 전혀 들어나지 않는 평범한 아이였어요. 성적도 중간이고 키도 중간이고 다 중간인 그런 보통 아이였다고 생각해요."

"초등학교 4학년 때 특별한 기억이 있었다고 들었어요?"

"그때 제가 환경미화부장을 했었는데 열심히 청소를 하고 그림도 걸어 놓고 선생님들 검사를 기다리고 있었어요. 그런데 선생님들이 청소 상태보다는 뒤에 걸린 한 친구의 그림을 보시면서 그림은 저렇게 그려야 되는 것 아니냐며 그림만 보시고 그냥 가셨어요. 그래서 보니까 대개 우리가 그림을 그릴 때는 책에 나오는 틀대로 색이며 표현을 하는데 그 친구는 전혀 다른 형태로 그림을 그렸더라고요. 그때 느낀 것이 '하라고 하는 틀대로 하면 안 되는 거구나 뭔가 나 나름대로 무엇을 했을 때 시선을 받고 인정을 받는 구나' 하는 생각을 했지요. 그리고 잊혀졌다가 사춘기를 지나면서 인생을 고민할 때 그것이 다시 생각났어요. 뭔가 다르게 살아야 되겠구나 하는 것을 깨달았다고 할 수 있지요."

"원래 전공이 수의학이셨던데 어떻게 마임을 하게 되셨는지요?"

"제가 어렸을 때 창경궁 근처에 살았는데 매일 거기 가서 살았어요. 동물을 워낙 좋아했는데 동물들 밥 주시는 분이 그렇게 부럽더라고요. 동물들이 좋아해 주니까. 그리고 동물의 왕국을 보면서 아프리카 자연동물원 같은 곳에 가서 동물과 자연과 함께 살자는 꿈을 가지고 건국대 수의학과를 들어갔지요. 그런데 대학교가 제가 생각하는 자유로운 공간이 아니었어요. 실망을 하고 두리번거리다 찾아간 곳이 연극부였어요. 수의학이냐 연극이냐 고민을 하다가 나를 자유롭게 표현한 다는 것이 매력으로 다가와서 연극을 선택했지요. 그러다 사회극단 '에조또'에 발을 들이게 되면서 자연히 학교는 그만두게 되었죠. 그때 '에조또'는 일반 사실주의 연극보다는 신체표현을 굉장히 중요시여기는 연극을 많이 했어요. 거기서 실험연극을 시작하면서 마임을 배웠지요."

"집에서 굉장히 반대가 심하셨을 것 같은데요."

"처음엔 당연히 반대를 하셨죠. 그때까지만 해도 광대라고 해서 사회적으로 인정도 못 받고……. 대게 그럴 때 잘 하는 방법이 집을 나가는 거죠. 가출이라고 하는 것을 해서 행방불명자도 되고 우여곡절이 많았지요."

"넓은 세상에서 홀로 모든 것을 다 드러내는 외로운 몸짓을 하기 위해 수의사의 꿈을 접고 뛰어든 연극과 마임의 세계에 들어 올 때는, 또 부모님의 반대를 무릅쓰고 오늘에 이르기까지 그 파란만장함이란 말할 수 없었을텐데요. 게다가 그때 우리나라에는 마임이라는 장르도 없었고 선생님도 없었을텐데 어떻게 배우셨어요?"

"제가 '에조또'에 들어간 것이 71년이고 롤프샤레라는 마임배우가 우리나라에 무대공연예술로서의 마임을 처음으로 공연한 것이 1968년이었어요. 그분이 카페떼아뜨리아에서 워크샵을 했는데 그 워크샵을 '에조또'의 방태수 연출가가 받으면서 실험적인 연극에 마임을 도입했지요. 그러면서 연기수업에 일반연기 외에 마임수업을 하셨어요. 워크샵 받은 것을 기반으로 기본적인 기술과 방법들을 가르치셨죠. 저는 거기서 공부하면서 연극과 마임을 고민하다가 마임의 길로 방향을 바꾸게 된 것이죠."

"마임의 기초적인 수업만으로는 양이 차지 않았을 것 같은데 어떻게 스스로 발전시키고 배워 나갔어요?"

"우연히 만나든 의도적으로 만나든 만남이라는 것은 만날 수밖에 없는 운명이라는 큰 힘이 있는 것 같아요. 제가 롤프샤레의 공연을 고2때 문득 아무 생각 없이 그냥 보러 갔습니다. 후에 제가 연극이나 마임을 하게 될지도 모르고요. 저는 그 공연을 보면서 세상에 저런 공연이 있나하고 감탄을 했어요. 연극이나 무용도 아니고 말을 하나도 안하는데 몸의 움직임만으로 말하는 것 보다 더 생생하게 삶을 보여줄 수 있는 것이 신기했어요. 또, 세종문화회관의 그 조그만 탑 조명 안에서 혼자 모든 걸 다 보여주더라고요. 어린나이지만 우리의 삶이라는 것이 넓은 세상에서 홀로 모든 것을 다 드러내는 저런 작업이 아닌가 생각했어요. 그리고 나중에 연극을 하게 되고 제가 선택한 '에조또' 란 극단에 들어갔더니 마임을 가르치고 있는 겁니다. 저는 그때 기억 때문이라도 주위에 다른 친구들 보다는 더 잘 했고 또, 과제가 주어지면 잘 해냈어요. 그러면서 마임으로 초연작품인 '첫야행' 을 올렸죠. 도둑질을 처음 나선 어리숙한 도둑의 이야기인데 벽 더듬기, 계단 올라가기, 줄 당기기 등 그런 기초적인 테크닉들을 많이 구사하니까 관객들의 반응도 좋았어요."

"저는 마임이라고 하면 프랑스의 장루이 바로라든가 마르셀 마르소라든가 이런 분들 것을 보면서 신기하기는 했지만 우리의 정서하고는 안 맞는 것 같기도 하고 마임배우가 참 외롭겠다는 생각을 많이 했어요"

"저도 그런 생각으로 다른 사람의 공연을 보기도 하고 작업도 했어요. 혼자서 그 많은 사람의 역할을 다 하다보면 그 작업자체가 외롭고 만드는 과정도 혼자서 만들고 주 표현수단인 언어마저도 배제했기 때문에 공연하는 모습자체도 외롭게 보여 지죠. 실제로도 외로움을 느끼고요."

"표현의 한계에도 많이 부딪칠 것 같아요. 사람의 행동은 어느 정도 되지만 무형인 것들, 예를 들어 꽃이라든가 안개라든가 사람의 바램이라든가……. 이런 건 어떻게 표현을 하세요?"

"처음에는 말하지 않고 몸짓시늉으로 한다는 것이 참 어려웠어요. 일반적인 벙어리 몸짓이라고 해서 시늉으로 말을 그대로 옮기는 것은 마임이 아니거든요. 마임이라고 하는 것은 표현이에요. 내가 생각한 어떤 것들과 하고자 하는 말을 몸짓언어로 바꾸는 과정이지요. 그 방법을 찾아내는 것이 많이 어려웠지요. 특히, 무형의 것들 바람이라든가 비라든가 흐르는 물이라든가 동물이나 식물들과 세탁기라든가 자동차 같은 물건들……. 여러 가지가 많아요. 이야기를 표현 한다고 하는 것은 둘러싸고 있는 모든 것을 다 표현해야 되는 거니까 방법이 없어요. 그저 끊임없는 고민하는 수밖에 없어요."

"그렇게 어렵게 준비하신 마임을 공연하시다가 어느 날 갑자기 그것을 접으시고 춘천으로 가시게 되었나요?"

"1981년이라는 어려운 시대적 상황 앞에서 뭔가 역할을 못한다고 하는 것이 힘들었고 작품의 한계로 인한 여러 가지 고민들, 그리고 결혼. 이렇게 세 가지가 서울생활을 정리하고 시골로 향하는 결정적인 계기가 되었어요. 처음에 어디로 갈까를 찾다가 청주와 춘천을 놓고 고민했는데 봄에 갔던 춘천의 기억들이 좋아서 무작정 춘천으로 갔지요. 그리고 춘천 시내가 아닌 근교에서 소를 키웠어요. 늘 시골이 그리웠고 동물을 좋아해서 생업을 위해 선택한 것이 축산업이었죠."

"신혼 때인데 부인이 순순히 따라나서던가요?"

"오히려 늦게까지 술 마시고 연극하는 것보다는 낫다고 좋아했어요."

"춘천에서의 생활과 다시 무대로 돌아와 큰 축제를 여시게 된 과정이 궁금해집니다."

"처음엔 농촌생활이라는 것이 텃세도 심하고 해서 골탕도 먹고 그랬어요. 축산장려로 자금지원도 많았고 많이 키울 때는 혼자서 소를 35마리까지도 키워봤어요. 그런데 수입소 파동과 농촌을 돕겠다고 외국소를 대량 수입하는 어이없는 정책 때문에 시골생활을 접고 춘천의 강원대 앞에서 카페를 했어요. 그러면서 조그만 무대를 만들어서 학교에서 예술 하는 친구들을 모아다가 했고 본격적으로 무대로 돌아온 것은 88년이었어요. 저희 마임축제가 올해로 19회째인데 어떻게 오다보니 커졌어요. 대부분의 축제라는 것이 자생적인 것보다는 어떤 정치적인 의도에 의해서 축제를 만들다보니 자치단체장이나 책임자가 바뀐다든가 하면 전혀 새로운 형태로 출발하거나 사라지거나 해서 뿌리가 없어요. 저희는 출발자체가 마임이라고 하는 장르의 생사의 기로에서 또, 제 위치가 그 책임으로부터 자유로울 수 없었고 위기의식을 가지고 무대로 다시 돌아왔기 때문에 어떻게 하면 사람들이 마임을 좋아하고 즐기고 사랑해서 살아남을 수 있을까 그런 생각 끝에 나온 것이 마임페스티벌이었어요. 그러니까 죽기 살기로 매달려서 이것을 키워나갔던 겁니다."

"결국 몸의 움직임으로 이미지를 드러내는 모든 예술을 축제의 장으로 불러내게 된 계기가 된 것이군요. 작년 같은 경우 해외에서 8개국에서 100여명의 공연자가 왔고 국내에서는 90개 단체가 참가를 했다고 하는데 요즈음 마임을 하는 친구들이 그렇게 많나요?"

"이제는 마임만이 아니고 언어를 중시하지 않는 신체로 표현하는 모든 예술 연극, 무용, 퍼포먼스, 타악기, 영상 등 언어를 배제한 몸의 움직임으로 이미지를 들어내는 모든 예술을 다 포용합니다. 그래서 장르가 넓어졌고 90개 단체에서 800여명의 공연자가 참가하는 8일간 펼쳐지는 큰 축제로 자리를 잡아가고 있습니다. 밤 10시에서 다음날 새벽 5시까지 펼쳐지는 도깨비 난장같은 경우는 인기연예인이 나오는 것이 아니라 인디밴드를 비롯한 저런 장르도 있나 할 정도의 비주류 장르가 많이 나오는데 젊은이들이 많이 좋아해요. 관객도 많이 늘어서 도깨비난장에만 2만 명이 옵니다."

"도깨비가 나옵니까?"

"춘천에 '고슴도치섬' 이라는 아주 자연스러운 섬의 넓은 잔디밭에서 펼쳐지는데 도깨비가 나오는 것이 아니라 사람들이 도깨비처럼 놀죠. 하하하!"

"유진규 마임이 어렵다고들 해요. 처음에는 유럽의 마임으로 시작했지만 한국적 마임세계를 구축했다고 해요. 대중적인 것을 원하는 관객들과의 거리조정은 어떻게 하십니까?"

"저도 처음에는 대중적인 노력을 많이 했는데 제가 더 힘들더라고요. 관객들은 재미있는 스토리로 재밌는 몸짓을 보여주는 판토마임을 즐거워하시는데 제가 스스로 의미가 없어졌어요. 대부분 서양의 마임을 모방하는 형태인데 정체성에서도 자꾸 문제가 되고 제 스스로가 할 수 있는 마임이 뭔가를 고민하다보니 결국 우리의 몸짓에 관심을 가지게 되고 또, 우리만이 표현할 수 있는 정서였어요. 이러다보니 대중적인 것보다는 마니아들이 좋아하는 형태가 됐는데 마임이라고 하는 것이 어릿광대처럼 재미있는 것도 있지만 총체적으로는 말이 없는 세계를 몸으로 표현하는 것이기 때문에 재미만이 아니라 우리가 스쳐지나가는 이미지들, 낙엽이 떨어진다든가 바람이 분다든가 아니면 사람도 늘 묵묵히 뭔가 움직이는 속에서 조각과 같은 이미지를 전해주는……. 이런 것도 마임의 큰 기능 중에 하나라고 이야기를 하죠. 그리고 그런 세계를 찾아서 보여주려고 합니다."

"몸짓이외에 소품도 쓰십니까? 예를 들어 어떤 향기라든가 그런 것?".

"외국에 작품을 가지고 나가봤더니 우리나라다운 것이 아니면 아무 의미가 없더라고요. 그래서 우리나라 것이 뭔가에 대한 관심을 갖게 됐고 우리의 전통적인 향, 한지, 정한수 같은 우리의 정신이나 정서를 담은 물건들에 관심을 갖게 됐어요. 그래서 그 물건들을 가지고 그것만이 보여줄 수 있는 것을 찾아내게 되었지요. 유럽이나 일본에 가서 공연을 하면 굉장히 좋아해요. 왜냐하면 자기네가 갖고 있지 않은 것을 보여주니까요."

"그런데 사람과 사람사이의 주된 소통이 언어인데 대부분의 남자들은 왜 사랑한다는 말을 꼭해야만 하느냐고 하고, 우리 여자들은 사랑이란 말을 해주기를 원해요. 좀 엉뚱한 질문이 될지도 모르지만 마임니스트는 부인에게 어떻게 사랑을 표현하는지 궁금하네요."

"『바디랭귀지』의 책 서문에 이런 말이 있어요. '우리가 생각하는 것을 남에게 전할 때 대개가 말이다라고 생각하지만 정작 말은 10%밖에 안 되고 음색, 눈빛, 표정과 같은 것들이 나머지 90%를 차지한다.' 일단 우리가 사랑할 때는 몸의 긴장이 풀어지고 열려 있죠. 우리가 상대를 경계하거나 다른 마음을 품고 있으면 몸을 사리게 돼요. 평소에는 뭔가를 숨기지만 사랑을 할 때는 내 몸 전체를 그쪽으로 향하죠. 표정도 밝고 환하게 풀어지고 눈빛이 환하게 되죠. 몸이라고 하는 것은 기운인데 부부는 이미 다 눈빛만 봐도 알고 몸짓만 봐도 그 기운을 다 알지 않을까 생각을 합니다. 하지만 말을 안 하면 나름대로 생각하는 경우도 많더라구요. 마임에서도 그런 것이 한계일 수도 있을 거예요. 어떤 것은 꼭 말을 해야만 전달을 할 수 있는 것도 있으니까요. 집사람에게 솔직히 사랑한다는 말은 잘 하지 못하지만 제 사랑의 기운을 집사람이 충분히 느끼고 있을 거라고 믿어요. 하하하."

"호호호, 마임에서는 절대로 말을 쓰지 않나요?"

"현대마임에 와서는 소리도 하고 말도 해요. 어떤 마임은 연극처럼 말을 많이 하더라고요. 그렇지만 몸의 표현이 대부분이지요. 유럽에서는 이제 마임이라고 안하고 신체극단(Physical Theater)라든가 움직이는 극단(Movement Theater)이라고 하지요.

"그럼 바디랭귀지는 무엇으로 표현이 되는 건가요?"

"바디랭귀지는 총체적으로 동물과 같이 몸으로 이야기하는 인간의 표현 수단의 하나를 총체적으로 얘기하구요, 그런 것들을 예술적으로 바꿔서 표현하면 그것이 몸짓표현이 되면서 마임으로 연결이 되겠지요."

"사람의 몸이라는 것이 굉장히 중요한 것 같아요. 그것을 몸짓으로 표현해서 상대방과 교감을 한다는 것.…… 반면에 한계도 느끼지 않을까 하는 생각도 드네요. 지금 마임의 집도 운영하고 있는데 앞으로 하시고 싶은 것이 무엇인지 궁금합니다."

"마임의 집은 40석 자리의 소극장인데 춘천시에서 150석의 극장으로 지어준다고 합니다. 잘 운영하면서 춘천마임축제가 아시아에서는 최대 축제지만 앞으로 세계적인 축제가 되도록 하고 싶어요. 이것은 상당히 정체성을 확보하는 문제와 맞물려 있고 우리의 몸짓 또는 아시아의 몸짓을 어떻게 자리매김할까 하는 고민과 노력이 필요할 것 같아요. 무엇보다 좋은 작품 많이 만들고 싶어요. 지금 반 정도 완성된 '어둠은 어둠이다' 라는 작품이 있는데 잘 마무리되었으면 좋겠어요."

"뇌종양을 앓으셨다고 들었어요. 몸을 망가뜨리는 욕심의 굴레를 벗고 뇌종양을 이겨내셨다고 하던데 지금도 그 머리에는 삼장법사의 머리띠가……?"

"1998년도 경에 뇌종양 판명을 받았는데 병원에서는 뇌간이라고 하는 어려운 자리에 생긴 종양이어서 섣불리 수술할 수도 없으니 지켜보자고만 했어요. 그때 마임축제와 개인적인 여러 가지 문제들로 인간적인 갈등이 많았는데 모든 것을 다 내려놓고 산속으로 들어갔죠. 나를 비워내는 것을 했는데요, 제가 그동안 느꼈던 인간적인 갈등이 욕심으로부터 나온 것이라는 것을 알고는 욕심을 버리면 될 것 같았어요. 그래서 두 달 반의 시간을 거쳐 내가 도대체 어떤 욕심을 가지고 있나 캐어 들어가서 꽉 쥐고 있던 욕심의 끈을 놓았어요. 통증이 사라진 것은 쥐고 있던 욕심을 놓아버리면서였어요. 욕심을 놓아버리자 통증도 사라지고 종양도 없어졌죠. 종양이 완전히 사라졌는데 암권위자인 의사도 있을 수 없는 일이라고 놀랬어요. 그래서 제 개인적인 생각이 병의 90%이상은 마음에서 오는 것이지 몸이 이상이 있어서 오는 것은 아니지 않는가…… 마음이 몸을 망가뜨리고 있구나 생각했지요."

"도대체 그 욕심이 무엇이었습니까?"

"아집이예요. 내 생각대로 모든 것을 하려고 했던 것이죠. 남을 이해 못 하고 남들에게 나쁜 마음을 가지게 되는 것이죠. 그러니 늘 불만이고 속상하고 화가 났던 거예요. 요즘도 제가 다시 그런 욕심을 품거나 아집을 가지면 머리가 아파요. 마치 삼장법사가 손오공의 머리에 씌어준 것처럼 똑같아요. 그래서 스스로 조절을 안 할 수가 없어요. 머리가 아픈 것보다는 낫잖아요. 하하하!”

※마임의 집 033)242-0585

자연에 상상력을 담는 **강우현** 대표

"남이섬의 피터팬"

하늘이 캔버스라면서 전투기를 빌려서 하늘에 그림을 그리고 비행기를 붓삼아 낙하비행을 시도하는 사람, 자신의 생각을 마침표로 시작해 문장의 맨 끝 받침부터 거꾸로 써가는 사람, 한국에서 상표를 가장 많이 디자인한 그래픽 디자이너 중의 한 사람이며, 세계적인 동화 일러스트레이터 겸 작가, 한때는 좋은 아버지 모임에 붐을 일으키고, 느닷없이 재생지 운동을 시작했는가 하면, 버려진 타일이며 소주병과 블록으로 벽을 만들고 창을 내어 집을 짓는 사람. 이제는 침몰하던 남이섬을 기적처럼 부활시키기 시작한 사람, '다른 사람이 하는 것은 절대 안 해요!' 라며 웃는 사람, 항상 변하고 만날 때마다 달라진 모습을 보고 도올 김용옥조차 천재라 칭하는 사람이 있습니다.

남이섬의 달밤, 별밤, 안개와 함께 봄에는 새 생명의 희망을 팔고, 여름에는 시원한 나무그늘을, 가을에는 낙엽을, 그리고 겨울에는 낙엽 태우는 연기와 모닥불과 고드름을 현대판 봉이 김선달, 역발상, 청개구리 발상, 노는 것처럼 일하는 스타일, 인생 자체가 고정관념을 와장창 깨부수는 주식회사 남이섬의 CEO 실험을 하고 있는 강우현 대표를 아주 특별한 인터뷰에서 만나보았습니다.

"먼 길을 오셨는데 정말 감사합니다. 남이섬의 겨울은 어떤가요?"

"나무가 앙상하고 땅은 메말라 있어서 썰렁합니다. 그런데 손님은 하루에도 2,000여 명씩 오가는 그런 모습이에요. 그중에서 외국인이 500에서 700여명 정도 됩니다. 이상하죠. 아무것도 없는 그곳에 왜 2,000여천 명씩이나 오는지……. 저희는 아무것도 없다고 얘기를 하지만 세 가지 볼 것이 있어요. 한 가지는 연기예요. 지난 가을까지 떨어진 낙엽들을 지금 태우지 않으면 새싹이 나오지 않기 때문에 모아서 태우죠. 그러면 낙엽 태우는 냄새도 있지만 그 연기가 앙상한 가지들을 타고 올라가요. 사람들은 그것이 어떤 주술적인 역할을 한다고 해요. 뭔가가 있을 것 같아 연기 있는 쪽으로 자꾸만 오게 되지요. 그리고 그 옆에는 나무를 때는 모닥불이 있고 그 길을 따라 올라가면 커다란 분수대가 나와요. 보통 겨울에는 수도나 분수대는 동파할까 봐 잠가놓잖아요. 그런데 우리는 틀어놨어요. 그래서 높은 곳까지 올라간 물이 얼어붙어서 큰 고드름을 만들었지요. 어마어마하게 큰 고드름으로 피어나 가끔 먹는 사람들도 있는데 설탕을 넣지 않아서 사람들이 잘 먹지는 않습니다. 하하하. 이렇게 연기와 모닥불과 고드름이 남이섬의 세 가지 겨울상품입니다."

"먹을 것도 있나요? 군고구마 라든가……?"

"모닥불에서 고구마와 감자, 가래떡을 구워 먹기도 하지요."

"요즘 사람들에게 '왜 오셨어요?' 하고 물으면 '그냥' 왔데요. 그래서 '뭐하고 가세요?' 그러면 '그냥' 간대요. 그래서 드는 생각이 '그냥' 이라는 말이 참 좋은 말이구나 싶어요. 편안하다는 뜻이거든요."

"2001년 9월에 취임을 하셨는데 어떻게 취임을 하시게 됐는지요?"

"원래는 2000년 말인 12월 31일에 아들과 남이섬으로 여행을 갔어요. 아는 분이 있어서 놀러 가서 하룻밤을 잤는데 뭔가 이상한 거예요. 천막들이 알록달록 있고 쓰레기는 여기저기 방치되어 있고 옛날 놀이터들도 있고……. 아들을 보내고 일주일을 거기서 지내면서 쓰레기도 줍고 버려진 나뭇잎에 그림도 그리고 시도 쓰면서 지냈어요. 저야 늘 그리고 쓰는 것은 재미로 하니까요. 닷새 후에 그 섬에서 사장님과 가수 이동원씨를 만나게 됐는데 제가 만든 것을 보더니 머물면서 작품 활동을 해주었으면 하고 안 쓰는 집들이 많으니 하나를 쓰라고 하더라고요. 그래서 창고로 쓰는 한옥을 골라 썼죠. 봄이 되면서 주변을 가꾸기 시작했어요. 틈나면 죽은 나무들에 남이장군을 비롯한 우리나라 장군들의 얼굴을 깎아서 세우고 꽃도 심고 그랬더니 주변에서 사진을 많이 찍어가요. 점점 그러다가 8월에 대학 강의를 나가게 돼서 떠나야 하지만 그래도 자주 오겠노라고 했더니 못 믿겠다는 거예요. 떠난 사람치고 다시 오는 사람 없다고……. 언제 올지 모르는 섬마을 선생님이 되기보다는 차라리 대표이사를 맡아달라고 하더라고요. 그땐 경제도 어렵고 남이섬 경영도 굉장히 어려울 땐데 망해가는 남이섬에 사장(社長)됐다가 완전이 사장(死藏)되는 건 아닌가 싶은 생각에 고민을 하다가 맡게 되었죠. 그 대신 조건이 나는 그림을 그리고 상상력으로 일을 하는 사람이니까 모든 것을 설명할 수가 없어요. 그러니까 다 맡겨달라고 했죠. 월급은 100원만 받을 테니까. 그래서 100원만 받고서 시작을 했지요."

"아니, 월급을 100원 받으면 가족들은 어떡해요?"

"가족들은 전에 200원 받아둔 걸로 썼지요. 하하. 제가 전에 썼던 책의 인세도 나오니까요. 일 년 내로 경영실적을 두 배로 올리겠으니 두 배로 올리면 나머진 내가 다 갖고 안 올라가면 일 년에 1,200원으로 만족하겠다고 했더니 사장님 측에서는 이런 좋은 조건이 없죠. 저는 모험이고요. 제가 원래 모험을 좋아해요. 운이 좋았는지 나빴는지 그해 첫해에 27만 5천 명이 들어왔었는데 그다음 해에는 65만 명으로 늘더라고요. 늘어 났는데 그 돈을 제가 가질 수가 있었겠어요. 그 돈으로 외국의 유명한 전시회라든지 마침 '한스 크리스챤 안데르센 탄생 200주년' 그 행사를 아시아에서 제일 크게 했지요. 그러면서 국제적으로 조금씩 알려지고 마침 겨울연가로 더 알려지면서 사람들이 몰려왔죠. 그러나 겨울연가 드라마만 보러 와서는 재미가 없어요. 드라마를 유치해서 성공한 지역이 몇 군데 있는 것 같지만 몇 년 지나면 다 시들해져요. 겨울연가와는 상관없이 사계절 볼거리들이 다르니까 외국인들도 많이 오고 그러면서 자리를 잡기 시작했어요. 특히 작년같은 경우에는 동남아 쪽의 외국 손님들이 참 많았어요. 왜 그런가 했더니 동남아에는 붉은 단풍이 없더라고요. 그래서 나온 가을 상품이 낙엽이었어요. 저도 몰랐는데 단풍은 정말 최고의 상품이었죠. 그래서 올봄에 단풍나무를 굉장히 많이 심기로 했어요."

"올 가을엔 단풍이 장관이겠네요?"

"작년에도 좋았지만 올해는 단풍이 더 많이 들어서서 장관을 이루겠지요. 그리고 작년에 재미있는 일이 있었는데 10월 중순이 되면 남이섬엔 은행나무는 잎이 다 떨어져요. 그런데 서울 외곽은 늦게 떨어져요. 어떤 곳은 11월 중순 넘어 12월까지도 가요. 그때 제가 송파구청장님을 찾아뵙고 물어봤더니 은행나무 단풍잎을 버리는데 연간 4,000만 원이 들어간다고 하더라고요. 그걸 태우지도 못하고 버리지도 못하니까 김포매립지로 가져가는데 어차피 버릴 거니까 우리를 달라고 했죠. 그래서 저희한테 갖다버렸어요. 그랬더니 나무는 앙상하지만 바닥에는 카펫처럼 노란 단풍이 깔렸으니까 국내외사람들이 다 좋아서 낙엽을 뿌리고 난리가 난 거예요. 그 길을 '송파은행나무 길'이라 써놨죠. 송파구청장을 비롯한 송파구민들이 많이 다녀가셨어요. 거기서는 쓰레기지만 우리는 관광 상품으로 쓰고, 구청에서는 비용 절감해서 좋고 저희는 손님 많이 와서 좋고……."

"그렇게 발상의 전환을 이루셨네요. 그럼, 적자의 남이섬을 몇 년 만에 흑자로 돌리신 건가요?"

"그 해에는 27만 5천 명 오다가 다음해에 65만 명, 그다음 해에 85만 명, 그다음 해에는 140만 명, 또 그다음 해에는 167만 명, 그렇게 올라가더라고요. 그래서 왜 그런가 했더니 사람들이 우리는 우리가 좋아서 그냥 놀고 있는데 그 노는 모습 보러 오신 것 같아요. 남들이 일하면서 노는 모습을 보니까 원래는 바리바리 싸가지고 놀고먹으려고 왔던 사람들이 볼거리가 생겼겠죠. 남들 일하는 모습을 보니까 그들이 놀던 방식이 달라졌어요. 옛날에는 야유회에 행락철에 뭘 지져 먹고 볶아먹고 소주 마시고 춤추고 싸우고……. 그러던 사람들이 다른 사람들이 열심히 일하는 모습들을 보니까 싸우고 그러는데 흥미가 없어지게 된 것 같아요."

"강우현 선생님 쓰신 책에서 「행간여행」이라고 하는 곳을 보니까 이런 말이 나와요. '남이섬은 옛터 그대로인데 섬의 풍채는 늙고 병든 촌부가 새벽녘에 부스스 일어나 막 세수하고 툇마루에 걸터앉아 먼 산을 바라보는 듯한 초점 없는 모습이었다.' 처음에 가셨을 때 그런 모습이었다는 거죠?"

"실제로 회사가 곧 망할 것 같으니까 우선 직원들이 의욕도 없고 일을 안 하겠지요. 퇴직금 못 받을까 봐 나가지도 못하고 또, 일을 안 하니까 실력이 늘지를 않고, 그러니까 손님은 점점 더 줄고요."

"그런 직원들을 어떻게 바꿔나가셨어요? 예를 들어 하자고 해도 금방금방 따라오지 않았을 것 같은데 어떻게 리더십을 보이셨는지요?".

"모르면 제가 먼저 해야지요. 맨 처음에 '술병은 꽃병으로 만들고, 잡초는 화초로 만들자. 유원지는 관광지로, 소음은 리듬으로…….' 이렇게 얘기하니까 사람들이 이해를 못 하더라고요. 소음을 리듬으로 만드는 방법은 간단해요. 여기저기 와서 행락객들 스피커 들고 하는 것을 못하게 하고 가수가 노래를 부르면 그 소리는 리듬이 되지요. 그러다 보면 유원지가 점점 관광지가 될 수밖에요. 또, 경치를 운치로 바꾸는 것은 경치는 어디든지 다 있지만 거기에 대해서 작가들이나 시인이나 음악가들이 분위기를 만들다보니까 자연스럽게 운치가 생기지요. 사진 찍을 것도 많아지고요. 또, 술을 잡아당기면 꽃병이 되는 데 잡아당기는 방법만 가르쳐주면 되지요. 방법을 몰랐기 때문에 안 됐던 것이지요."

"'청개구리 경영' 이 그런 건가요?"

"거꾸로 좀 해보자는 것이죠. 거꾸로 하기 위해서가 아니고.. 제가 처음에 이런 거 해보자, 저런 거 해보자 했더니 수십 년 동안 다 해봤지만 안 됐다는 거예요. 그래서 수십 년간 해 왔지만 회사가 망할 정도라면 안 하는 것이 낫잖아요. 그렇다면 만약 모내기는 보통 논에다가 하는데 남는 것이 많아요. 그것을 우리 연못에 가져다 놓으면 논이 되는 것이 아니라 화초가 되지요. 또, 여러 가지 잡초들이 많지만 태어날 때부터 잡초로 태어난 식물은 없어요. 섞여 있기 때문이죠. 잔디밭에 질경이가 있으면 질경이가 잡초지만 질경이 밭에 잔디가 있으면 잔디가 잡초거든요. 그렇게 둘 다 심어놓고 나중에 일 년 이 년 지나면서 보니까 우성이 생기고 열성이 생겨요. 먼저 힘센 것이 자라다가 수명을 다하고, 다른 것이 올라오면 또 몇 달 올라오다가 다른 것이 올라와서 죽고……. 자연의 순환을 그대로 놔두면 저절로 다 되더라고요. 결국에는 남이섬의 콘셉트가 뭐냐고 사람들이 물었을 때 저는 그냥 내버려두는 거라고 해요. 그냥 자연대로……."

"청개구리라고 하는 것은 앞으로 안 되면 일단 뒤집어서 해보자는 거예요. 손님한테 주인인 것처럼 괜히 주인 노릇하는 사람들이 많았는데 주인은 무슨 주인이예요, 머슴노릇 해야죠. '머슴같은 주인, 주인같은 머슴' 뭐 이러면서 주인도 되고 머슴도 되면서 점점 직원들의 사기도 올라가고 책임감도 커지고 자존감도 높아지고 저절로 나아진 거예요."

"사계절 콘셉트가 다 있나요?"

"가을에는 단풍, 여름에는 보통 바다나 강으로 시원한 곳을 찾죠. 시원한 것은 물만이 아니에요. 나무그늘은 더 시원해요. 그래서 여름에는 나무그늘을 팔아요. 봄은 꽃이 피고 봄 자체가 희망스럽기 때문에 봄에는 아무 데나 가도 좋아요. 아무 데나 가도 좋은데 왜 남이섬이냐. 남의 섬이기 때문이에요. 자기 섬이 없으니 남의 섬이라도 가봐야지요. 하하하. 겨울에는 연기와 모닥불 고드름이있고요."

"제가 강우현 사장님의 명함을 받았는데 명함이 너무 재미있어요. 명함 뒤에 이렇게 쓰여 있더군요. '달밤이 좋다. 하지만 별밤은 더 좋다. 그런데 새벽을 걷어 올리는 물안개를 마주하면 아무 말도 할 수가 없다.' 어느 정도 길래……? 봉이 '강선달' 이라고 불러드려야 할 것 같아요."

"호텔이 79년에 지어진 것이라 많이 낡았는데 고칠 돈이 없는 거예요. 비도 세고 난방도 안 되고 보일러도 가끔 꺼지고……, 그렇다고 나가서 호객행위를 할 수도 없고. 그래서 '달밤이 좋다. 하지만 별밤은 더 좋다. 그런데 새벽을 걷어 올리는 물안개를 마주하면 아무 말도 할 수가 없다.' 고 인터넷에 올렸더니 전화가 와요. 물안개는 몇 시에 나오느냐고 물어서 6시 반쯤요 대답하고, 첫배는 몇 시에 뜨느냐고 물으면 7시 반이라고 대답하죠. 그럼 그쪽에서 '자야겠네.' 하시죠. 그래서 숙박객이 늘어나는 겁니다. 얼떨결에요."

"요즘에는 펜션도 많은데 경쟁도 해야 할 것 같아요."

"저희는 경쟁을 안 해요. 경쟁자가 없는 일을 하지요. 그래서 다른 사람들이 잘 됐으면 좋겠어요. 지금 남이섬에도 음식점이 있지만 오천 명 이상이 오면 먹을 데가 없어요. 그러면 사람들이 먹을 것을 준비해야 한다고 하지요. 그렇지만 저는 직원들에게 손님을 흘려보내라고 해요. 강 건너에 마을이 있는데 그곳의 식당이 잘 되면 남이섬 때문에 먹고사는 사람들이 많아지는 것이고 그들이 바로 남이섬을 홍보하는 사람들이 되지요. 그렇지 않고 남이섬만 잘 먹고 잘살아보세요. 결국, 비판만 하게 되고 원성만 높아지지요. 오히려 사람들을 흘려보내면 남이섬의 객실 안내도 잘 해주고 길 안내도 다 해주고 그러세요."

"지금은 월급을 얼마나 받으세요?"

"대표는 자기가 가질 수 있는 만큼 가질 수 있어요. 근데 사실 저는 돈이 많이 안 필요해요. 섬에 있으면 쓸 시간도 없고……. 닷새를 섬에서 지내고 이틀만 서울 집에 가는데 부부도 매일 붙어있는 것보다 종종 떨어져 있으면 더 그립고 좋은 것 같아요. 싸우고 부대끼며 사는 많은 중장년의 부부들보다는 잘 지내는 것 같아요. 그래서 행복합니다."

"1,200원은 몇 년이나 받으셨어요?"

"일 년이죠. 일 년 내로 승부를 못 내면 하지 말아야죠."

"여관 급의 호텔이 30년간 있었는데 이번에 다 고치신다고요?"

"네, '남이나라 공화국 국립호텔' 로 바뀝니다. 우리는 무궁화 대신, 별을 여섯 개 썼어요. 객실이 46개인데 그 46개의 방이 다 달라요. 가수의 방도 있고 공예가, 조각가, 화가, 만화가……. 천장도 벽지도 크기도 다 다른데 그 방을 다 자려면 46번을 자야 하는 거죠. 그러나 내가 46번 남이섬 방을 다 잤다 할 때쯤이면 그 방이 또 바뀌어 있을 거예요. 그리고 우리는 가족들이 잘 수 있는 10개의 방을 빼고는 텔레비전이 없어요. 그 대신 상상력을 자극시켜줄 수 있는 약간의 정보가 들어가면 무한대로 상상할 수 있는 라디오를 가져다 놨어요. 섬에 들어와서 라디오를 듣는데 예를 들어 문경에 비가 온다면 가보지는 않았지만 옛날에 문경새재를 넘으려면 호랑이도 만나고 했는데, 그런 옛날이야기가 생각이 난다든지……. 전 세계를 그 속에서 상상할 수 있게끔 하는 일에는 라디오가 최고죠. 라디오도 다이얼을 돌리는 아날로그 라디오예요. 고풍스럽기 때문에 그것도 기념품으로 팔려고요."

"직원 평균연령이 높던데요."

"50세 이상이 35%가 넘고 정년이 80세입니다. 건강에 이상이 없으면 죽을 때까지 일할 수 있어요. 현재 최고령이 75세이신데 저희는 경로우대가 없어요. 표를 팔거나 검표를 하는 근무자 분들이 평균 60세가 넘기 때문에 65세 넘었다고 노인이라고 경로우대로 할인해 달라고 큰소리치면 젊은 사람이 뭐하느냐며 여기 들어와서 일이나 하라고 그러세요. 하지만 그런 분들에게 경로우대할인을 안 하는 대신에 작년 12월 한 달 동안 경로아르바이트를 했어요. 노인들이 자기가 잘하시는 것, 만약에 '새끼줄 꼬기' 라든지 '이엉 엮기' 라든지 짚을 준비해 놓고, 이엉을 엮으면 1미터에 천 원 또, 용마루 같은 것은 좀 어려우니까 1미터에 삼천 원, 그러면 오천 원 입장료를 내고 들어오셔서 이만 원을 벌어가는 분들도 계세요. 아예 일을 하시라는 거예요. 그게 오히려 더 좋지요."

"다시 묻겠는데요. 직원들 월급은 어떻게 되나요?"

"월급은 본인이 희망하시는 액수를 적어내면 돼요. 이번에 채용공고에서 41세 두 분이 오세요. 하지만 두 분이 월급이 다 달라요. 이분들을 채용하는 것은 회사에서 정하지만 일단 채용이 확정되면 그걸 그대로 인정을 해줍니다. 자기가 자신의 가치를 정하는 것이죠. 그리고 이력서는 꼭 자필로만 받습니다. 글씨를 보면서 필상을 좀 보죠. 필체를 보면서 정말 남이섬에 오고 싶어서 썼는지 내용을 읽다 보면 눈물 어린 내용도 많아요. 또박또박 자기소개나 이력서를 쓴다는 것은 굉장한 인내와 정성이 필요해요. 한 부 밖에 만들 수가 없잖아요."

"정말 독특한데 남이나라 공화국은 언제 세우신 건가요?"

"작년 3월 1일에 독립선언을 해서 올해 3월1일이 독립기념일이 됩니다."

"남이나라 국민은 어떤 사람들인가요?"

"저희는 지도자가 없어요. 흔히들 남이나라 공화국 그러면 대통령은 누굽니까 총리가 누굽니까 그러는데 우린 그런 제도가 없어요. 나라가 잘되려면 지도자도 중요하지만 국민이 좋아야 된다고 생각해요. 왜냐하면, 국민 속에서 지도자가 나오잖아요. 그래서 저희는 지도자를 뽑기보다는 문화적인 안목과 이해와 남에 대한 배려, 또 저희 헌법을 잘 지킬 수 있는 사람, 그런 사람을 국민으로 뽑아요. 저희 헌법은 단순해요. '무법천지 법' 이라고 해서 법이 없이도 살아갈 수 있는 사람, 남들을 위한 법이에요. 그렇다면 거짓말하지 말아야 할 것이며 정직하고 부지런하고 남에 대해서 배려할 줄 알고 양보할 줄 알고 그런 사람들이 국민이죠. 또, 그런 사람들을 도와줄 수 있는 사람들이 남이나라 공무원이 됩니다. 공무원은 늘 국민 입장에서 생각해야 하지요."

"문자도 있던데 너무 어려워요. 주로 그림이 많던데요."

"상형문자인데요, 문자가 있어야 진정으로 독립된 문화국가가 될 수 있지요. 그림이기 때문에 보기에는 어렵지만 쓰기에는 쉽습니다. 보통 유치원, 초등학생이 더 빨리 배우더라고요. 연필도 새로운 우리 연필을 쓰고 종이는 만들어요. 닥종이를 없애버리고 쑥이나 풀, 나무껍질, 나뭇잎으로 종이를 만들어요. 그래서 종이공방, 유리공방, 도자기 공방, 가마도 있지요. 타조 사슴 다 풀어놓고 저절로 살아요. 가끔 손님들이 쥐라기공원 같다고 놀래기도 하세요."

"독립기념일에 무슨 행사 같은 것도 하고 그러시겠네요."

"독립 1주년이 되는 3월 1일부터는 함부로 들어올 수 없게 돼요. 가장 중요한 행사가 아무나 들어오지 못하게 하는 행사인데 여권과 단기비자도 만들고 너무 먹을 것 많이 가져오는 사람은 단속도 하고 강제로 쓰레기봉투를 판매할 것입니다. 현재 남이섬 안에는 환경운동연합이 들어와서 환경학교를 운영하고 있어요. 남이섬의 생태라든지 여러 가지를 관찰도 하고 환경오염을 감시도 하면서 생태자연환경체험을 해요. 종이는 YMCA에서 녹색가게가 만들고 있고 문화전시회는 유니세프가 있어서 거기서 하고. 그래서 우리는 중요한 사업적 요지는 공공의 몫으로 돌려요. 보통들 상생경영을 많이 얘기 하는데 조금씩 될 때부터 미리 나누면서 하자는 거죠. 나누는 방식에서 되도록 잘 나누는 분들이 있는데 보통 시민운동 하시는 분들은 나누는 방식을 잘 알고 있어요. 그렇기 때문에 10~20%는 없다고 생각하고서 그들이 나누게 해주고 우리는 또 다른 방식으로 해 나가고 있어요."

"처음에 가셨을 때는 동네 건달들한테 혼나셨다는 얘기도 들었어요."

"유원지뿐만이 아니라 어디서든 자기가 먹고사는 방식이 있고 그곳을 터전이라고 생각하고 있기 때문에 그것을 잃게 된다고 했을 때는 여러 가지 몸부림이 많지요. 어느 것이 옳은가 하는 문제는 다른 문제예요. 공익을 위해 아무리 옳은 일이라도 사익이 해쳐졌을 때는 저항할 수밖에요. 그래서 입장을 바꿔서 생각하면 저항이라고 이해가 되지요. 그러나 남이섬이라고 하는 땅은 모두의 땅이지 어느 특별한 몇몇 사람들이 상업적으로 해야 할 곳은 아니지요. 앞으로 후손들도 계속 이용해야 하기 때문에 특별한 어떤 사람들이 바가지를 씌운다거나 좋지 않은 시설들로 사람을 위험하게 하는 것은 없어져야 하지요. 처음 3, 4년 동안은 저항이 많았지만 지금은 많이 좋아졌지요."

"충청북도 단양의 산골에서 유년을 보내셨던데 어릴 적은 어떠셨는지요?"

"부모님이 늘 계셨지만 엉뚱하고 혼자 생각하기를 좋아했어요. 수업시간에는 매일 잠을 자서 공부는 거의 안 하고 처음부터 홍대 미대를 목표로 그 대학에 갈 수 있는 공부만 했어요. 미술대회는 빠지지 않고 나가서 수상도 하고요. 다른 아이들은 대부분이 미술 한다고 하면 화실을 나갔는데 물론 부모님을 조르면 되겠지만 화실 갈 돈이 없어서 고등학교 1학년 때 친구 다섯 명과 화실을 차렸어요. 임대료는 초등학생 두 명을 가르쳐서 내고 우리도 배워야 하니까 일요일마다 각 학교 선생님들을 모시고 우리의 작품을 발표했지요. 그래서 선생님들께 다양한 스타일을 많이 배울 수 있었죠. 그러다 고3이 됐는데 다들 미술학원에 가더라고요. 저는 비싸니까 혼자서 아동미술하는 곳에 갔지요. 입시생이 혼자여서 집중적으로 배울 수 있었고 보통 화실은 3시간밖에 사용을 못 하지만 저는 하루 종일 사용했어요. 1/3 가격으로요."

"아들에게 쓴 편지가 있던데 '너 강우현의 아들로서 아버지 쪽팔리게 하지 않고, 나 강준수의 아버지로서 너 쪽팔리게 안 할게' 라고 쓰여 있었어요. 왜 이런 편지를 쓰시는 겁니까? 특별한 이유가 있을 것 같아요."

"그게 우리집 가훈이에요. 저는 지갑에 돈은 없는데 편지는 많이 가지고 다녀요. 아들하고 저는 어렸을 때부터 지금까지 굉장히 가까운데 지금도 훈련소에서 일주일에 몇 번씩 편지를 해요. 그럼 과제를 주죠. 첫 번째는 하루 종일 앉아있는 시간이 많을 때 머리를 들어 하늘을 보고 구름을 모아서 솜사탕이든지 강아지든지 만들어 보라고 하면서 뭘 만들 것인지 과제를 내요. 두 번째 과제는 가만히 앉아서 땅을 보고 돌멩이를 주워서 1자로도 놓아보고 2자로도 놓아보고 눈사람 모양도 만들어봐서 그것이 8자로 보이면 사람의 팔자라든지 8궤를 생각해보거나 하고 8×8=64, 6×4=24, 네 멋대로 만드는 놀이, 그리고 심심할 땐 나뭇잎에 이름을 다 써보라고 해요. 계속 쓰다 보면 지루하니까 그림을 그리게 되지요. 이렇게 상상력의 편지를 많이 주고받지요."

"제 친구들을 보면 아이들 교육 때문에 많이 싸우던데요. 아이들이 마음에 안 들면 욕도 하기도 하고 그것이 또 부부싸움으로까지 이어지고요."

"어른들이 나쁜 언어는 배우지 말아야 돼요. 저도 아들과 맞지 않는 것이 있지요. 그렇지만 사람이 어떻게 매일 똑같을 수가 있겠어요. 아이는 내 축소판도 아니고 분신도 아닙니다. 아이는 아이로서 태어난 거죠. 한 인간으로 태어났다는 것을 태어날 때부터 우리가 인정을 하고 자식하고 정을 끊어야 합니다. 자식을 내 것이라고 생각해서는 안 된다는 거죠. 내 것이라고 생각하다 보니까 자꾸 가르치고 싶어지고 뭔가를 자꾸 시키고 싶어 하는데 가급적이면 그냥 놔두는 것이 제일 좋아요. 좋은 아버지 운동을 통해서도 알게 되었지만 결국 아이들이 제대로 크느냐 못 크느냐는 어른들의 문제지 아이들의 문제는 아니었어요. 저는 아들에게 공부하지 말라고 해요. 나는 공부 못했지만 이렇게 하고 싶은 것 다하지 않느냐고요. 그러면 아들이 뭐라고 하는지 아십니까? 저더러 세상을 모른다면서 요즘 같은 세상에 공부 안 하면 큰일난다고 해요. 이게 반어법이죠. 청개구리는 사방에 있는 거예요."

"2010년까지 남이섬에 있겠다고 하셨다는데 2010년의 남이섬은 어떤 모양일까요?"

"2010년이라고 했다가 혼났는데요. '언제까지라고 못 박지 말라, 권력의 누수현상이 일어나니까.' 하하하. 2010년이면 남이섬은 자유와 상상, 이런 것들이 살아 숨 쉬는 동화적인 나라로 많이 변해 있을 거예요. 특히, 가장 시간이 필요한 부분은 나무입니다. 나무를 저희가 몇 년 전부터 계속 심고 있고 작년에도 만 그루 이상을 심었어요. 40년 전에 나무를 심은 분 덕분에 지금 우리가 남이섬에서 그늘을 맘껏 누리며 살듯이 결국 우리가 선조로써 할 수 있는 것은 돈이나 시설을 물려주는 것은 아니에요. 나무를 많이 심어서 그것을 어떻게 쓸 것인가는 그들에게 정하도록 남겨 주는 것이지요."

"아무 나무나 심으면 안 되잖아요."

"너무 자기 좋은 나무만 심다보면 온 동네에 산이 다 똑같아져요. 잘 자라는 나무가 좋은 나무예요."

"정말 배우는 것이 많은데 환경부 장관상도 받으셨어요. 남이섬의 쓰레기는 어떻게 처리하시나요?"

"우리는 쓰레기를 많이 버리는 사람이 머리 나쁜 사람이라고 해요. 오죽 쓸모를 찾지 못하면 버리겠는가. 그래서 쓰레기라고 하지 말고 '쓸 애기' 라고 해요. 애기라고 생각하면 절대 못 버리죠. 애기라고 생각을 한다면 술병을 녹여서 꽃병을 만들거나 벽돌을 만들거나 테이블을 만들거나 하는 아이디어가 저절로 나오게 돼요. 하다못해 쓰레기를 태운 재도 도자기 흙과 섞으면 야생화화분이 돼요. 야생화화분은 혼자 만드는 것이 아니라 남이섬에 온 사람들이 돈을 주고 흙을 사서 만들어요. 그렇게 재미를 더하지요. 그 재를 버리려고 하면 돈을 주고 버려야 되요. 특히, 섬에 있다 보면 답답한 부분들이 많아요. 500원짜리 생수를 사서 한 모금 마시고 버리는 친구들도 많고……. 정말 버려지는 것들이 많은데 지금 쓸모를 찾지 못해 버려지는 것들 중에서 수명을 늘려서 더 쓴다면 굉장히 경제적인 것이 많거든요. 돈을 벌려고 하는 것보다는 덜 쓰는 부분을 찾아내는 것이 중요하듯 세계 경제에서 GNP, GDP를 높이는 것보다도 중요한 것은 그것을 까먹지 않는 것이라고 생각해요. 그것을 제가 아무리 밖에서 외쳐봐야 소용이 없어요. 하지만 우리 작은 나라 섬안에서는 가능해요. 함부로 버리다가는 야단 많이 맞아요. 우리 직원들이 노력 많이 하고 있지요.

그리고 물건도 재활용하는데 사람을 재활용 못 하면 안 되잖아요. 사람도 다시 쓰자 해서 50, 60세 넘은 분들이 같이 가고……. 그런 식으로 해나가고 있는데 그러다가 2010년도 되고 2020년도 된다고 한다면 아마도 가능성이 있고 희망이 남아 있는 곳으로 변하지 않을까 싶어요. 뭔가 완성되는 건 없을지 모르지만 하나하나 해나가다 보면 가고 싶고 살고 싶은 섬이 되어 가겠지요."

"강우현 대표 개인 웹사이트에 이런 말이 있어요. '나는 하찮은 것이 좋다. 시시한 것은 더욱 좋다. 아무도 관심을 두지 않는 것들, 흘러가는 바람에 뒹구는 낙엽조각 같은 것, 빈 소주병 속에 숨어 있는 부러진 이쑤시개 같은 것, 누군가를 이유 없이 골려주고 싶은 어린애 같은 장난기, 시시함과 하찮음, 생각나라 입장권이다.' 개국 일주년 너무너무 축하하고 어느 날인가 저도 생각나라 입장권을 들고 남이섬에서 일하게 해주세요 하면 받아주실 건가요. 후훗."

"물론입니다. 제가 아니더라도 하실 일을 가지고 들어오시면 하시는 일을 방해하지 않습니다. 그런 분들이 많으세요. 공연이라든지 전시라든지 하시고 싶은 것을 가지고 들어오셔서 이 장소 써도 되느냐고 하는데 무료로 쓰시게 하지요."

납북어부를 그리는 20년 망부(亡父)의 한, **최우영**씨

'인권의 사각지대에 흩날린 노란 손수건'

"제발 살아만 계세요. 제가 꼭 모시고 올게요."

「납북자가족모임」 회장 최우영 '납북자는 북한으로부터, 납북자 가족들은 남한 정부로부터 유린당하는 인권의 사각지대' 지난 1월 4일 경기도 파주 임진각 앞 소나무 20그루에는 노란 손수건이 무려 1만 장이나 내걸렸다. 얼핏 보기에는 겨울바람에 흩날리는 노란 손수건의 모습이 낭만적으로 보이기도 했을 것입니다.

20년 넘게 아버지를 그리워하는 딸의 애타는 심정을 상징적으로 담고 있는 손수건의 사연을 아는지 모르는지 아마 그날도 하늘을 나는 새들은 무심히 남북을 오갔을 것입니다.

1987년 1월 15일, 서해 백령도 부근에서 조업 중이던 동진호가 납북되었습니다. 선원은 모두 11명.

그 중 어로장 최종석씨의 딸로 20년 전에 납북된 아버지의 무사 귀환을 빌며 손수건을 매단 납북자가족모임 회장 최우영씨를 손숙의 아주 특별한 인터뷰에서 만나보았습니다.

"회장님이라는 칭호가 어울리지 않는 아주 앳된 모습이세요?"

"대부분의 납북자 가족들은 육십이 넘으신 어르신들이세요. 제가 가장 젊기 때문에 열심히 일하라는 뜻에서 주신 자리입니다."

"노란 손수건을 걸어야겠다는 생각은 언제 하셨어요?"

"제가 고등학교 1학년 때, 아버지가 납북되신 이후로 이렇게 오랫동안 못 돌아오실 거라곤 꿈에도 생각을 못 했어요. 그러다가 2005년 10월 23일이 사랑하는 아버지 환갑날이셨어요. 환갑이 되도록 돌아올 수 없고 더 이상 이 사회를 믿을 수 없다는 절망감 때문에 김정일 국방위원장에게 당장 돌아오기가 힘들다면 아버지를 위해서 환갑잔치 상이라도 해줄 것을 요청하면서 일간지에 광고를 냈어요. 그런데 기적이 일어났어요. 많은 언론에서 주목을 하고 마치 아버지가 그 여론에 힘입어서 돌아오실 것만 같았어요. 그래서 휴전선을 건너서 오신다면 임진각 등나무 목에서 아버님이 오실 텐데 우리 가족들이 아버지를 잊지 않고 기다리고 있었다는 것을 알리고 싶었어요. 노란 손수건은 제가 좋아하는 소설과 팝송이기도 했고요."

"신선한 아이디어였고 많은 사람의 관심을 받았는데 주변의 반응이 어땠나요?"

"납북자보다는 노란 손수건에 관심이 모이면서 가족의 소중함과 의미를 되돌아보았다고 힘내라는 격려를 많이 해주었어요".

"해마다 다실 거예요?"

“제가 할 수 있는 일은 아마 노란 손수건을 다는 일 이외에는 없을 것 같아요. 힘도 약하고 가족으로서 아버지를 사랑하고 있다는 것을 보여주는 것이 지금으로서는 할 수 있는 일의 전부라서 앞으로도 계속할 예정입니다.”

“그런데 노란 손수건을 단 소나무가 베어졌다는 말은 무슨 말이에요?”

“2005년 10월에 나무 한 그루에 400장을 달았는데 작년 12월에 그 나무가 도로확장 공사 때문에 베어졌어요. 저희는 아버지가 그리울 때면 가는 곳이었고 이 사회에서 아버지를 구해온다는 것이 너무 뼈를 깎는 고통이고 절망이라서 소나무를 통해 희망을 얻었는데 전화 한 통 없이 베어져 나간 거예요. 우리 가족에게는 나무 한 그루도 허락되지 않았다는 생각에 마음이 무척 아팠어요. 그래서 가족들이 다시 힘을 합쳐서 임진각 근처의 49그루에 노란 손수건을 달았어요. 처음에 파주시청에서는 허락하지 않았지만 여론의 힘으로 달수 있게 되었고 지금은 팻말도 달아주고 기념공원처럼 되어있어요.”

“아버님이 언제 어디서 납북되신 건지 그때의 상황이 궁금해요.”

“87년 1월 15일 백령도 근처에서 홍어잡이를 하시다가 납북되셨어요. 북한에서는 바로 풀어준다고 했고 정부에서도 돌아오면 바로 기자회견을 하려고 준비하고 있어서 우리 가족들은 금방 오실 줄 알았는데 박종철 고문치사사건과 김만철씨 탈북사건이 같은 날 일어났기 때문에 남북한의 어려운 사정으로 보류된 것이 오늘에 이른 거예요. 많은 사람이 두 사건은 기억을 하지만 아버지의 일은 우리 가족의 가슴 속에만 기억되어지고 있죠. 그날이 할아버지 제사라서 모든 친지들이 모여 있었는데 TV를 통해서 납북 사실을 알게 되었어요. 그리고 10일 후에 정부에서 명절 전에 오신다고 연락을 받고 기다렸지만 그 후로는 소식이 없었어요. 남북관계가 미묘해져서 당분간 오시기 어렵다는 통보서류만 받았고요."

"정부 어디에서 이 일을 관할하나요?"

"그 당시는 수산청이 관할을 했었고, 시간이 지나서는 적십자에서 이 일을 다루었고, 지금은 통일부에서 관할하고 있어요."

"그때가 17살이니까 기억에 생생하시겠어요?"

"아버지는 배타고 나가시기 전에 우리에게 꼭 편지를 써 주셨어요. 지금도 가지고 있고 제 보물 1호예요. 항상 정직하고 올바르게 살면 사회에서 인정받을 수 있고, 열심히 공부 잘 해야 하고, 동생과 우애있게 지내라는 것을 늘 강조하셨고 동생과 어머니에게도 편지를 쓰셨어요."

"그 충격이 어땠을지……, 한창 사춘기인데……, 가족들은 어땠어요?"

"정신적 물질적 지주이셨던 아버지가 어느 날 갑자기 사라지셨다는 것은 당장에 느낄 수 있는 상실감이 아니라 세월이 가면서 더 크게 와 닿는 상실감이었어요. 제가 고등학교 1학년이고 동생이 초등학교 5학년이라서 전업주부였던 어머니가 집을 팔아 식당을 내고 생활전선에 나섰지만 아버지가 꼭 돌아오실 거라고 믿었어요.

우리를 너무나 사랑하셨기 때문에 탈출을 해서라도 오실 줄 알았어요. 하지만, 어머니가 밤늦은 시간에 남몰래 우시는 모습을 보면서 아버지가 당분간은 오시기 어렵다는 것을 받아드리고 서로가 서로에게 가장이 되어 99년 전까지 아버지 이야기를 한 번도 꺼내지 않았어요. 너무 큰 슬픔은 차라리 웃어버린다고 하잖아요. 행여나 이야기를 하면 눈물이 날까 봐 아버지 얘기는 아무도 하지 않았어요. 할머니는 충격에 중풍으로 쓰러지셨고 10년을 앓으시다가 아버지 얼굴도 못보고 눈을 감지도 못하신 채 돌아가셨어요."

"친구나 학교, 친척들……. 주변의 반응은 어땠어요?"

"대부분의 사실을 비밀로 했어요. 어머니가 결손가정이라는 낙인이 찍히면 우리가 불이익을 당할까 봐 숨기셨어요. 친척들은 많이들 아셨고 큰아버지와 작은아버지가 학비를 도와주셨어요. 친구들에게는 아버지가 납북되시기 전의 모습을 상상하면서 얘기했어요. 가장 친한 친구에게도 얘기를 하지 않았고 결손가정이라는 틀에서 벗어나기 위해 어머니가 교육에 굉장히 신경을 쓰셨어요."

"납북자 가족끼리의 모임은 없었어요? 모아야 힘이 생기지요".

"그 당시에는 대부분이 형편도 어려웠고 회사도 부도가 나서 전혀 도움을 받지 못했어요. 졸지에 내일을 걱정해야 하는 가장이 되었기 때문에 연락을 하면서 산다는 것이 불가능했지요. 지금은 협회도 생기고 왕래도 하면서 연락도 하지만 그때는 납북자라는 말 자체가 월북자와 개념이 구분되어 있지 않았기 때문에 모임을 갖는다는 것 자체를 할 수가 없었어요."

"외롭고 힘들 땐 어떻게 견디셨어요?"

"사실은 납북자의 딸임에도 어머님의 사랑을 많이 받고 자랐기 때문에 고통이 적은 편이었어요. 어머니는 우리가 짊어져야 할 고통까지 다 짊어지셨지요."

"납북자 가족이라는 이유로 겪었던 억울한 일들은 없었어요."

"다행히도 저희 아버지가 납북되셨을 당시가 민주화 운동의 끝자락이라 국정원에서 어머님께 전화만 오는 정도였어요. 안부전화라고 해서 왔는데 사실 6, 70 년대 납북자 가족들은 엄청난 고통을 당한 것으로 알고 있어요. 형사가 작업장을 계속 찾아오고 월북자 취급을 받아 고향을 떠나야 했고 연좌제에 묶이고 납북자 가족들은 북한으로부터 인권이 유린당하고, **남한 정부로부터 인권이 유린당하는 인권의 사각지대에 있었던 거죠.**"

"정식으로 정부에서 대처방안에 대해 이야기한 적은 없었어요?"

"아버님이 정치범수용소에 계시다는 것도 우연히 신문을 통해서 알게 되었어요. 98년 10월에 '북한의 정치범수용소에 대한 인권실태' 기사에서 아버지 이름을 발견하게 되었죠. 전 일간지에 아버지의 생사가 실렸는데 정작 우리 가족만 몰랐던 거예요. 통일부에 전화를 했는데 국정원에서 했다고 하고……. 어디를 가도 귀찮은 민원으로 취급을 받는 거예요. 힘이 없으니까요. 그동안 탄원서를 내기도 했지만 아버지가 불이익을 당하실까봐 활동을 할 수가 없었는데 국가에 대한 배신이 너무나 컸지요. 아무 것도 몰랐을 때는 아버지를 원망했어요. 우리를 사랑한다고 해놓고선 왜 안 오시는지.

그런데 정치범수용소에 계신다는 상황을 알고부터는 한 인간으로서 너무나 억울하다는 생각과 함께 죄송해서 고개를 들 수가 없었어요."

"왜 정치범 수용소에 가셨을까요?"

"아버지는 북한에서 인정한 유일한 비전향 장기수예요. 왜냐하면, 그 당시에 정부에서 김만철씨의 송환을 거절하자 북한에서는 동진호를 돌려보낼 수 없다는 입장을 표명했고 그해 4월에 동진호를 간첩선으로, 아버지를 북파공작원으로 발표를 한 거예요. 정부에서는 이미 다 알고 있었던 거죠. 지금은 정치범수용소에서 나오셨다는 것은 알지만 어디에 계신지는 몰라요."

"무심히 기사로만 보고 흘러갔던 얘기들이 가족의 이야기로 들으니까 너무 죄송하기도 하고 국민의 한 사람으로서 정말 가슴이 아프네요. 그래서 결국 납북자가족모임을 만드신 거예요?"

"정부를 믿을 수 없었고, 그 당시에 일본의 납북자 가족을 알게 되면서 일본에서 납북문제를 다루는 30개의 단체를 보고 희망을 안게 됐어요. 우선 일곱 가족이 모여서 모임을 결성하면 지원단체가 많이 생길 것이라 믿고 2000년 2월 28일 결성을 하게 된 거예요. 전문 지원 단체는 없지만 예전에 비해서 많은 단체가 이 문제에 대해서 관심을 갖게 되었어요. 아쉬운 것은 일본의 경우에는 납북자 가족 이외에 납치피해자를 지원하는 전문단체가 30개가 있는데 우리나라는 북한인권위 같은 단체에 섞여서 대부분이 납북 피해자 가족이 앞에 나와서 활동을 해요. 비전향 장기수하면 그 사람들의 이름은 떠오르지 않지만 그들을 지원하는 단체는 금방 떠오르잖아요. 앞으로 이 문제를 전문적으로 맡아서 할 수 있는 단체가 이 땅에 하나라도 생겼으면 하는 바람이에요."

"비전향 장기수는 북한에 많이 돌아갔는데 우리는 왜 생사확인조차 안 되지요?"

"93년에 이인모 씨가 무조건적으로 인도주의원칙이라고 해서 갔고 2000년에 63명이 갔어요. 왜 비전향 장기수는 무조건적으로, 인권과, 평화의 상징으로 가는데 저희 아버지를 비롯한 나머지 납북자 가족들은 대한민국 국민임에도 외면당해야 하는지 이해할 수가 없어요. **이 문제는 국가가 얼마나 자국민보호에 자신감을 가질 수 있느냐 없느냐, 그것에 따라 달라질 수 있다고 생각해요.** 북한은 수백만 명이 굶어 죽었어도 국가 조직기구 안에 비전향가 송환추진위원회가 엄연히 있어요. 일본도 마찬가지고요. 하지만, 우리나라에는 없죠. 옛날에는 냉전시대이기 때문에 우리의 문제를 다룰 수 없다고 했지만 지금은 세상이 바뀌어서 북한에 직장처럼 일을 하고 자고 오는 사람도 있어요. 납북자는 북한의 관리 대상이기 때문에 오히려 이산가족 생사보다 더 찾기 쉬울 텐데 납북자 가족은 생사 확인도 안 되고 송환된 사람도 없어요. 정부에서 충분히 할 수 있는데도 북한보다 못한 이 현실이 참 속상해요".

"아버님에 대한 기억 중에서 제일 생각나는 것은 무엇인가요?"

"저희 집 정원에는 연못이 하나 있었는데 아버님이 납북되시기 연못 청소를 하면서 돌아오시는 데로 잉어로 채우자고 하셨는데 못 오셨어요. 아버지는 한 달 만에 집에 오시는 때가 많아서 산타클로스처럼 동생이 좋아하는 전자오락기와 제가 좋아하는 인형을 사다주시곤 했어요. 또, 동생이 돈가스를 좋아해서 자주 먹으러 갔고요. 성격이 호탕하셨고, 재미있으시고 뚱뚱해서 아버님 배 위에 동생이 올라타고 그 옆에서 이야기도 듣고 그랬어요. 술도 좋아하셨고 매운탕 좋아하셨어요. 어머님은 아직도 아버지 옷을 버리지 않고 그대로 간직하고 계세요."

"아버님이 재혼을 안하셨다는 소식을 듣고는 어떠셨어요."

"여러 가지로 너무 고통스러웠어요. 차디찬 북한 땅에 정 둘 곳이 하나도 없는 그런 상태로 정치범 수용소에서 얼마나 피눈물 나는 생활을 하셨을까……. 처음에는 기뻤지만 나중에는 너무나 가슴이 아렸어요."

"탄원이나 서신을 보고 나서 정부의 반응은 어땠어요?"

"반응의 기준이 묘한데 우리 가족들은 너무나 오랫동안 기다렸어요. 남북 간의 평화에 우선하고 물밑접촉을 통해서 최선을 다 하겠다는 언급은 있었지만 저희에게 온 것은 아무것도 없었고 노란 손수건을 달고 나서 어버이날에 카네이션을 달게 해달라고 부탁하는 편지에 최선을 다하겠다고 했지만 역시 아무런 소식이 없었어요."

"북한은 공식적으로 납북자가 없다고 발표했지요?"

"그렇게 이야기는 하지만 납북된 동진호가 있고, 휘영호가 있고, 여러 어선이 있어요. 납북당한 김영남 학생의 이름이 존재하고 있고요. 그것을 부인하지는 못할 거예요. 그리고 우리 가족은 납북자이다 아니다를 떠나서 이제는 더 이상 이 문제를 정치화하지 말고 인도주의 차원에서 정말 김정일 위원장이 아들을 생각하는 마음으로, 아버지를 생각하는 마음으로 우리 가족을 돌려달라고 말하는 것 이외에는 할 말이 없어요."

"국제인권기구에도 가셨다고요?"

"놀랍게도 국제기구에서는 한국의 납북 문제가 이렇게까지 심각한 지 모르고 있었어요. 2000년도에 국제호소를 위해 일본의 납북자 가족과 함께 스위스 제노바를 갔었는데 일본의 납치문제는 이미 알고 있었지만 한국의 납치문제는 전혀 모르고 있더라고요. 그래서 이야기를 했더니 국제적십자사의 아시아 담당관이 너무 놀라면서 어서 이 사실을 대통령에게 알리라고 하더라고요. 이미 대통령도 알고 있는 상황이었는데 너무 창피했어요. 그러면서 그분이 한국사회에서 이 문제를 언급하지 않는다면 세계 어느 누구도 협조하지 않는다면서 어서 돌아가서 국내에서 활동하라고 하셨어요. 언젠가 그분께 우리 정부가 그 당시에는 활동을 하지 않았지만 지금은 이러이러한 활동을 하고 있고 저희 아버지가 돌아왔노라고 이야기하고 싶어요"

"꼭 하실 수 있는 날이 올 거라고 생각해요. 이렇게 예쁘게 성장한 딸과 아버지가 꼭 만나는 날이 올 거라고 믿어요. 20년을 두드렸으면 작은 것들이 모여서 뭔가를 움직일 때도 되었다고 생각해요. 혹시 이 기회에 아버지에게 하고 싶은 말이 있다면 한마디 부탁할

게요."

"아버지, 저 우영이예요. 아버지 모셔오는 것이 너무 힘들어요. 제가 힘이 부족해서 아버지를 모셔오는 것이 이렇게 힘들지만 수단 방법을 가리지 않고 아버님 꼭 모셔올 테니까 제발 살아만 계세요. 살아만 계시면 제가 꼭 모시고 올게요. 아버지 사랑해요."

※납북자 가족모임 02)324-8334

동물원 동물박사 **김정만**

"야생동물, 최후의 순간까지 절대 허점 보이지 않아"

아마존 밀림에 '타잔' 이 있다면, 우리에게는 '동물박사' 가 있습니다. 나무 사이를 가로지르며 동물과 우정을 나누는 타잔처럼, 동물원을 누비며, 아픈 동물을 보살피고 그들과 대화를 나누는 사람입니다. 그는 어려서부터 유난히 동물을 좋아해서 길거리를 헤매는 버려진 강아지는 물론이고 배설물 묻은 돼지까지 모두 품에 안았습니다.

결국 높은 경쟁률을 뚫고 옛 창경궁 동물원의 수의사가 되었는데, 그곳에서의 일상이 말도 많고 탈도 많고 사고가 끊이지를 않았습니다. 우리를 탈출하는 맹수가 있는가 하면, 지난밤에는 멀쩡하던 동물이 아침에는 끙끙 앓고 있고, 사람들의 부주의로 사고가 나기도 하고. 그때마다 앞장서서 일을 처리해야 했습니다.

동물원을 찾는 아이들에게는 자상한 '동물 아저씨' 로, 그들의 부모에게는 '동물원 선생님' 으로, 때론 포마드를 바른 헤어스타일 때문에 '포마드 김' 이라고 불리는 사람이 있습니다. 이제는 은퇴했지만, 여전히 동물원을 즐겨 찾는다는 김정만 동물박사님을 만나보았습니다.

"칠순이 훌쩍 넘으셨는데도 너무 정정하시고 머리숱이 조금 없어지기는 하셨지만 아직도 포마드를 바르시나 봐요."

"제가 포마드를 바르는 이유가 있어요. 제가 1958년에 처음 동물원에 갔는데 동물들이 나를 못 알아봐요. 동물은 후각, 청각, 시각 순으로 발달이 되어 있기 때문에 포마드를 발랐더니 그 다음부터는 저를 알아보더라고요. 그래서 37년 4개월 동안 쉬는 날 없이 늘 똑같은 포마드를 발랐지요. 지금도 조금 발랐고요. 하하하."

"언제 은퇴를 하신 거죠?"

"1995년에 은퇴를 하고 10여 년이 넘는 동안 동물원에서 계속 일해 왔기 때문에 사실, 월급쟁이 정년퇴임은 2004년에 했습니다. 그러니까 47년 4개월을 일한 거죠. 서울대, 건국대, 충북대, 충남대에 강의도 나가면서 대전 동물원 고문으로 2002년의 개원을 도왔습니다."

"우리나라 창경원이 동물원으로는 제일 처음인데 그때 들어가신 건가요?"

"1909년 11월 1일이 우리나라 창경원 개원일입니다. 저는 58년 6월에 입사를 했는데 대학 졸업하고 시험을 봐서 들어갔지요."

"그때 동물은 많았나요?"

"9.28 서울 수복 이후에 아무것도 없으니까 54년에 동물원재건

위원회를 발족하여서 큰 기업체의 후원으로 55년에 호랑이, 코끼리, 흰곰 등 30종 71마리가 1차로 들어왔지요. 제가 근무할 때는 80종 700여 마리가 있었습니다. 제가 들어갔을 당시 수의사가 3명 있었는데 전부 옛날 분들이라 제대로 된 장서가 하나도 없었어요. 그래서 규장각에서 영문으로 된 '애니멀 킹덤'을 찾아서 밤새 외우면서 혼자 공부했어요. 그리고 1920년부터 일제 치하의 삼엄한 감시 속에서도 동물들을 사육해 온 박영달이라는 사육사를 선생님으로 모셨어요. 그래서 우리는 이론적으로 학술적으로 정리를 했고 그분께서 동물 다루는 것을 가르쳐주셨지요."

"동물원에서 일을 하다 보면 별별 일들이 다 많을 텐데 몸보신으로 동물을 훔쳐가는 사람도 있다면서요?"

"1961년 10월 1일에 사슴의 목이 잘려서 뿔이 도난당하는 사건이 있었어요. 내부 소행이라는 오해 속에서 해결도 못 하고 4년이 흘렀는데 어느 날 술집에서 한 관상가가 술에 취해 자신이 저지른 일을 말하게 되고 그것을 들은 형사가 일주일간 미행한 끝에 범인을 잡게 되었죠. 외팔 잡이였던 범인이 '경세지도'라는 책을 통독하고 사슴뿔을 고아 먹으면 천하장사가 되어서 북진통일을 할 수 있다는 말에 범행을 저질렀던 거예요. 책에 나온 데로 활을 쏘았지만 잘 안되자 고춧가루를 사슴 눈에 뿌려서 목을 칼로 잘라 일주일 동안 정릉 뒷산에 묻었다가 뿔을 고아 먹었다는 거예요. 그런 말도 안 되는 사건이 완전범죄로 끝날 뻔하다, 4년 만에 해결된 겁니다."

"그랬었군요. 그리고 호랑이 원숭이 같은 것들이 탈출을 하는 일도 종종 있다면서요."

"69년에 동물원 60주년을 맞아 철책을 없애는 작업을 하면서 웅덩이가 파진 곳에 수도꼭지를 대 놓았더니 그것을 타고 침팬지가 탈출을 한 거예요. 번개처럼 뛰어내려 가보니 침팬지가 한 여학생의 치마를 들치면서 다니는 거예요. 침팬지는 자기 말을 잘 안 들어주어서 화가 나면 상대를 잔인하게 물어 죽여요. 그 여학생이 아마도 한 달에 한 번 하는 그것이구나 직감적으로 눈치를 채고 여학생에게 따라와 달라고 당부하고 먹을 것으로 축사까지 유인해서 재빠르게 구했지요. 그 여학생이 얼마나 놀랐던지 오줌을 다 싸더라고요. 저희는 미안하고 걱정이 돼서 병원에 갈 것과 추후에 생기는 문제에 대해서 책임져주겠노라고 했지요."

"침팬지나 그런 동물들이 선생님을 못 알아보나요?"

"알지요. 그러나 일단 밖으로 나오면 적입니다. 내실에 있을 때는 저에게 굽실대는데 일단 밖으로 나오면 안면 싹 바꾸고 야생동물의 본능으로 돌아가는 거지요."

"호랑이도 탈출한 적이 있다면서요?"

"호랑이가 아니고 자가라고 재규어라는 맹수인데 1978년에 밤사이 비가 200㎜가 온 적이 있어요. 그 비에 청계산 자락이 무너지면서 동물원을 덮쳤죠. 그 바람에 표범 두 마리와 재규어 한 마리가 없어졌는데 표범은 잡았지만 재규어만 없어진 거예요. 낮에는 동네 닭도 잡아먹고 저녁이면 토끼도 잡아먹는데 도저히 잡을 수는 없고 워낙 민첩하기 때문에 수렵협회에 연락해서 명사수와 명견을 지원받고 경찰병력 700명과 합동으로 재규어를 찾았지만 결국 못 잡았어요. 재규어는 사람을 한 번 죽이면 계속 죽이기 때문에 더 위험 합니다. 그러다 삼일 째 되던 날 사냥개가 찾은 것을 우리 직원이 사살을 했지요. 그때 왜 마취를 시키지 않았느냐고 말이 많았는데 마취 총을 맞으면 보통 10분에서 15분 사이에 잠이 듭니다. 그 15분 동안에 사람을 해치면 어떻게 합니까. 그래서 사살이 불가피했지요."

"기록을 보니 급체한 코끼리를 살리신 적이 있더라고요."

"1955년에 삼성 이병철 씨가 코끼리 두 마리를 기증했는데 지금도 살아 있어요. 새벽 4시에 코끼리가 누어서 설사만 한다고 연락이 온 거예요. 6.5톤짜리가 아파서 누워 있는데 그래도 사육사가 사과를 주니까 좋다고 받아먹어요. 탈진 상태라 일어나지를 못하는데 코끼리는 무게 때문에 누워있으면 한쪽 폐가 망가져서 죽습니다. 그렇지만 깔릴 수가 있으니까 함부로 접근할 수도 없어서 사람들이 줄 하나 내려놓고 코끼리가 코로 감아서 일어나기만 기다리는 거예요. 그래서 3시간 동안 로프를 들고 네다리를 엮어서 체인블록으로 들어 올렸어요. 그리고 공중에서 보름 동안을 약 먹이고 회복을 시켜서 살렸지요. 지금도 제 목소리를 알아듣고 반가워해요."

"옛날에 신문에도 났지만 창경원에서 호랑이에게 먹이를 주다가 팔 잘린 사람도 있었지요?"

"1976년에 정말 제가 일을 못하게 될 뻔했던 사건인데요. 오후 3시쯤에 호랑이 우리에서 사람이 팔이 잘렸다고 연락이 와서 달려가 보니 어떤 사람이 팔이 잘려나가 있는 거예요. 이 사람이 충청도에서 서울구경을 와서 대낮부터 소주 세 병 반을 먹고 취해서 호랑이 우리에 과자를 준다고 팔을 넣은 건데 공교롭게도 3시경부터 호랑이 먹이를 주는 시간이라 먹이를 기다리던 호랑이가 덥석 물어버린 거였죠. 이제 난 끝났구나 하고 서울대응급실에 갔는데 벌써 사람들이 신고를 해서 기자들이 쫙 깔린 거예요. 그래서 플래시를 터트리고 그러는데 팔이 잘린 사람이 만취상태라 기자들을 때리고 행패를 부린 거예요. 그것이 신문 8단에 나면서 저를 살려주었죠."

"기네스북에 올라간 사연도 있으세요?"

"1971년에 우리나라 음성에서 황새 한 쌍이 알을 품고 있다는 소식을 듣고 엽사가 몰래 가서 수놈을 쏴서 죽였어요. 혼자 남은 과부 황새가 무정란을 품고 십 년 이상을 살았는데 83년에 이 과부 황새가 노쇠해서 쓰러진 것을 문화재 관리인이 우리한테 가지고 온 거예요. 조류학자는 죽는다고 했는데 제가 밤새도록 가슴에 안고 산 미꾸라지를 입에 넣어 주면서 129일 동안을 돌봐주었어요. 그래서 완전히 회복되어서 서울대공원으로 옮겼는데 보통 황새는 15년에서 16년을 살면 천수를 다한 것인데 이 황새는 26년 3개월을 살고 자연사를 했어요. 그래서 기네스북에 올랐지요. 지금도 제가 그 황새를 돌보면서 밤새 먹이는 몇 번 먹고 똥은 몇 번 누었는지 기록한 일지가 남아있습니다."

"그 사랑은 어떤 사랑인지……. 가족들에게도 그러세요.?"

"제가 아들만 둘인데 아들이 아프면 병원에 가라고 그래요. 하지만 동물이 아프면 밤이고 새벽이고 안 가리고 그냥 뛰어나가는 거예요. 또 동물원은 쉬는 날이 없어서 가족들에게는 정말 빵점짜리 아빠고 남편이죠."

"가족들도 동물을 좋아하나요? 혹시 애완동물도 키우시는지요?"

"제가 너무 동물에 대해서 유별나서 그런지 가족들은 덤덤해합니다. 그리고 집에서는 동물을 키우지 않습니다. 아파트라서 키울 수도 없고요."

"박사님은 어릴 때부터 동물을 좋아하셨어요? 아니면 어떤 특별한 계기가 있었나요?"

"제가 고향이 인천인데 그때는 뒷산에 동물농장이 있었어요. 닭과 돼지를 키우는 곳이었는데 학교가 끝나면 늘 그곳에 갔어요. 한 번은 돼지가 우리를 탈출했는데 다른 아이들은 더럽고 냄새난다고 도망쳤는데 저만 붙잡고 놀았지요. 냄새가 나는지도 잘 모르겠더라고요. 그리고 인천 부두에서 왜 갈매기는 날면서 떨어지지 않는지 늘 궁금했어요. 동물도 좋아했고 동물에 대한 궁금증도 많았지요."

"개인적으로 제일 좋아하는 동물은 뭔가요?"

"많이들 물으시는데 저는 다 똑같습니다. 다 좋은데 싫은 것이 하나 있어요. 야생동물이 매정한 것이 최후에 죽는 순간까지 자신의 허점을 보이지 않습니다. 저녁까지만 해도 잘 먹는 척하다가 그 이튿날 아침이면 그만 뻣뻣한 시체로 죽어버려요. 죽을망정 자기의 허점을 사육사나 누구한테 보여주면 안 된다는 것을 지키고 고수하는 거죠. 한마디만 알려줘서 작별인사라도 할 수 있게 해주면 얼마나 좋아요. 자연의 진리인데 그래도 저는 그게 제일 서운해요."

"세계 여러 나라 동물원에 다니셨다든데 가장 인상적인 동물원이 있으실 것 같아요."

"미국의 샌디에고 동물원이 정말 멋있습니다. 시설과 관리가 세계에서 최고예요. 그리고 세계에서 품종이 제일 많은 것은 독일의 베를린 동물원입니다. 천백 종에 만 마리가 넘습니다. 70명의 석학이 있고 굉장히 많은 연구를 하지요."

"부인하고 세계 일주 중이라고 들었어요."

"저야 정년퇴임 전에 세계를 거의 다 가보았지만 집사람은 그렇지 못했죠. 어디 한 번을 가족과 함께 제대로 다녀 본 적이 없었어요. 늘 미안해서 1995년 정년퇴임 후에 집사람을 세계 일주를 시켜주자고 결심을 했지요. 그래서 십 년 동안 다녔고 금년에 인도만 갔다 오면 세계 일주가 끝납니다. 남극과 북극만 못 갔지요."

동춘 서커스 **박세환** 단장

"서커스에 평생 목숨 건 사람"

서커스는 최고의 관광상품이며 종합예술, 장터를 맴도는 민중의 예술혼을 세계의 문화로 승화시킨 서커스의 자존심, 박세환 동춘 서커스 깃대가 꽂힌 천막에서 둥~둥 북소리가 울려 퍼지자 어른 아이 할 것 없이 한 손에 입장권을 들고 긴 줄을 늘어섭니다.

아찔한 공중곡예, 구성진 노래마당과 재간둥이 동물 쇼가 펼쳐지는 동안 사람들은 일상의 피로를 잊고 서커스의 매력 속에 빠져듭니다.

밀양 박씨 종갓집 종손으로 태어나 가족의 유별난 사랑을 받으며 자란 열아홉 살 소년도 그 날! 그 공연에 마음을 빼앗기게 됩니다.

결국 소년은 집안의 기대를 등지고 가출을 기도, 결국 서커스 유랑생활을 시작하게 됩니다.

그리고 지금까지 오직 서커스에 대한 애정과 사명감 하나로 사라져가는 서커스, 잊혀져 가는 서커스를 살리기 위해 온 몸을 바쳐 왔습니다.

서커스에 관한 한 국내 최고로 통하고 우리나라 서커스를 세계 최고의 문화상품으로 만드는 것이 꿈이라는 45년 서커스 인생, 박세환 동춘 서커스 단장을 손 숙의 아주 특별한 인터뷰에서 만나보았습니다.

"먼저 동춘 서커스가 2007년 우수공연으로 선정된 것을 축하합니다".

"감사합니다. 저희가 2004년부터 계속 우수공연으로 선정됐는데 특히, 2006년 전국 순회공연 때 호응이 너무 좋아서 기대가 큽니다. 재기를 다지는 공연이 될 것 같습니다."

"올해로 서커스와 인연을 맺은 지 45년이 되셨고 환갑이 넘은 나이인데도 너무나 젊고 인물도 좋으세요?"

"옛날에는 나름대로 주연급 연극배우 생활도 했습니다, 하하하. 요즘은 칠순이 넘어서도 일하는 분들이 많아서 저도 건강이 허락하는 한 계속 일할 생각입니다. 후계자 양성도 해야 하고 우리 서커스가 세계적인 공연단이 되도록 계속 노력할 겁니다".

"요즘도 공연을 직접 하시기도 하나요?"

"손님이 많을 때나 VIP 손님이 많이 오셨을 때 노래도 하고 사회도 보고 옛날이야기도 하고 그럽니다. 옛날에는 줄도 타고 연극, 사회, 코미디, 원맨쇼 다 했었는데 단장이 되고부터는 경영을 해야 하니까 뜸해졌지요."

"처음 서커스와 인연을 맺은 때가 언제인가요?"

"중고등학교 시절에 끼가 좀 있었는데 노래도 꽤 잘하고 그랬어요. 그러다가 1961년에 고등학교를 졸업하고 가수와 연극의 꿈을 안고 무작정 서울에 상경을 했지요. 동춘 서커스는 서울에서도 가장 규모가 커서 1964년 당시 200명의 배우가 있었어요. 이봉조 선생님이 색소폰 부시고, 서영춘 씨가 조명도 보시고 연극도 하시고, 백금녀 아줌마, 황해, 허장강 씨 남철, 남성남 씨……. 그 사이에서 제가 심부름도 많이 했지요."

"그때는 전용극장이 없었을 텐데 유랑을 하셨겠네요?"

"기둥을 세워서 텐트를 치고 장터로 버스터미널로 사람들이 많이 모이는 곳에서 주로 공연을 했지요. 지금은 예술회관도 많고 실내 체육관도 많지만 그때는 그런 시설밖에는 없었어요. 요새는 빌딩도 많고 높은 건물도 많지만 그때만 해도 동춘 서커스가 움직이면 그 도시에 가장 높은 건물이었어요. 17M의 5층 높이니까 그때는 제일 높았지요."

"옛날에는 마을에 서커스가 들어온다고 하면 가두공연부터 시작해서 동물구경에, 정말 동네가 들썩거렸어요."

"옛날에는 볼거리가 서커스뿐이었죠. 연극, 쇼, 마술, 국악 모든 예술을 다 볼 수 있었으니까요. 그리고 동물은 육칠십 년대 창경원 다음으로 많았을 겁니다. 침팬지가 표를 받고 기린, 낙타, 사자, 코끼리까지 50여 종이 있었으니까요."

"처음에 입단하셔서 무대에 서기까지의 이야기가 궁금합니다."

"처음에는 입단이 안됐죠. 찾아오는 사람이 수만 명이었으니까요. 그때는 가수는 가수대로 연극은 연극대로 다 각기 방이 따로 있어서 연습도 잠도 함께 했던 시절이라 저는 노래를 가지고 가수 방에 가서 밑에 일하시는 분께 부탁을 해서 심부름도 하고 빨래도 해드리고 했지요. 그러다 한 달 만에 손님이 별로 없을 때 무대에 한 번 서봐라 해서 오디션을 본 거예요. 그것이 첫 무대였어요. 그 후로도 남에게 지기 싫어서 굉장히 노력을 많이 했어요. 책도 많이 보고 혼자서 중얼중얼 연습도 하고 연구도 하면서요."

"종갓집 종손인데 가족의 반대가 심하지 않으셨어요?"

"고향이 경상도 경주입니다. 예향적이고 봉건적인 양반도시인데다가 할아버님과 부모님께서 아주 전형적인 가문의 전통을 중시하셨기 때문에 가출을 하지 않고는 도저히 이 일을 시작할 수가 없었어요. 그때만 해도 광대라고 해서 아주 천대를 받던 시절이라서 집에 말도 못 꺼냈어요. 아주 엄하고 체계적인 집안이었죠. 그래도 할아버님의 고집을 물려받아서 한 길을 갈 수 있었던 것 같아요. 그렇게 이리저리 칠팔 년을 피해 다니다 어느 날 갑자기 집에 가고 싶은 거예요. 가슴에서 뭔가가 뜨겁고 그래서 무작정 짐을 싸서 고향에 갔더니 할아버님이 돌아가셨더라고요."

"그럼, 그 사이에 집에는 한 번도 들린 적이 없었나요?"

"중간에 집에 잠시 들르기도 했지만 오래 있지는 않았지요. 서커스는 옮겨 다니기 때문에 집안에서 찾기가 어려웠는데 어느 날인가 할아버님이 찾아오셨어요. 그런데 아무 말도 안하시고 뒤돌아서

서 눈물만 뚝뚝 흘리시더라고요. 그래서 두 말 않고 집으로 돌아가 직장생활을 잠깐 해보기도 했습니다. 그래도 무대를 완전히 떠날 수는 없었지요."

"정식으로 인정을 받고 무대에 서신 건 언제세요?"

"63년 5월 봄이었는데 2, 3년간 열심히 노래도 하고 줄타기도 하고 그랬어요. 다 해야 하니까요. 그리고 23세에 가능성 있다고 인정을 받아서 유망주로 꼽혔죠. 연극도 하고 공부도 좀 해서 무대에서 사회도 보고 그랬지요. 나름대로 인기도 많았어요. 그때는 18개의 서커스단이 우리나라 무대예술을 끌어 왔지요. 일반 쇼도 없었고 연극단도 없었고 무대 공연할 만한 극장도 없었으니까 동춘 서커스단이 최고였죠."

"줄 타는 소녀들은 어디서 구하셨어요. 우리 어릴 적에는 잡아간다는 소리도 있고, 식초를 억지로 먹게 한다는 소리도 있었어요."

"주로 지망생이 많아요. 황당하게 잘못 알려진 루머가 많아서 대구 개구리 소년 사건 때도 맨날 조사를 받았는데 상식적으로 우리는 만인 앞에 얼굴을 내 놓는 직업인데 말이 되나요? 식초 먹이고 그러는 것 전혀 없어요. 외국에서는 서커스학교도 있고 많이 활성화가 되었는데 우리나라는 아직까지도 인식이 안 좋은 것 같아요. 보통 아이들은 4년 정도 훈련을 하는데 오전에는 공부를 하고 오후에 주로 훈련을 합니다. 학과공부를 못하면 사고력과 지능이 떨어지기 때문에 공부는 꼭 시킵니다."

"그 많은 단원들과 동물들이 움직이려면 굉장하겠어요?"

"지금은 저희가 두 팀인데 한 번 움직이는데 11톤 트럭으로 14대, 8톤 차로는 20대가 움직입니다. 건축 장비, 컨테이너, 숙소, 무대, 음향기기, 조명기기 등 엄청나죠. 옛날에는 차가 귀해서 3륜차, 리어카, 우마차 등을 이용했고, 동물은 많이 걸어서 이동했지요. 그때는 동물스텝과 수의사 스텝도 있었어요. 지금도 말, 원숭이, 강아지, 곰도 있고 전시도 하고 그럽니다."

"입장료 받아봤자 단원들 밥 먹고 숙식비하고 나면 별로 남는 것도 없을 것 같아요?"

"별로 남는 게 아니라 매일 적자죠."

"결혼은 언제 하셨어요?"

"결혼은 늦게 했어요. 한 서른 좀 넘어서 했어요. 여자 분을 모셔와서 잘 모실 수 있는 그런 능력이 못 되잖아요. 그때는 월급이라는 건 전혀 없었어요, 제가 동춘을 인수하고 한 15년 전부터 100% 월급을 만들어서 해오고 있지요. 그때는 공연수익에 따라서 출연료를 줬는데 밥값도 안 되는 공연도 많아서 여관 주인에게 돈을 빌리기도 하고 소위 똘똘이라고 해서 여관주인이 쫓아다니면서 돈을 받아가고 그랬지요. 제가 공연을 40년 했지만 우리나라만큼 공연예술 특히, 무대예술이 힘든 나라가 없어요. 봄에는 농번기, 여름에는 덥고 폭풍 오고, 가을인가 싶으면 또 겨울이에요. 겨울은 추워서 공연을 못 하기도 하지만 일조량이 짧아서 손님이 더 안 들죠. 가두 공연을 하고 손님을 기다리는 그 시간은 정말 피를 말리는 시간이에요. 지금도 많은 팀들이 생겼다가 이름도 없이 사라지곤 해요."

"그래도 요즘에는 무대에 아크로바트도 많이 도입이 되고 '비-보이' 같은 팀도 해외에서 인기가 많아서 굉장히 전망이 밝은 편 아닌가요?"

"지금은 많은 사람이 관심도 가져주고 전 세계적인 흐름이 모든 예술이 서커스와 접목하는 시대가 왔어요. 작년만 해도 제가 오페라 '아이다' 공연을 비롯해서 뮤지컬이나 연극하고도 협연을 했어요. 그리고 최근에는 해외에서 연 매출이 팔천억 원이니 하는 단체도 생겼고요."

"그런데 한참 정상에 오르는 공연을 접고 어느 날 사업을 하셨다고요?"

"그때도 TV나 영화배우 예술계통에 있는 유명한 몇몇 사람을 빼놓고는 생활이 많이 힘들었어요. 가정도 생겼고 가족들의 만류도 있었고 해서 공연단에 있었던 경험을 가지고 극장에 취직해서 영화기획과 홍보일을 했지요. 그러다가 동춘이 파산위기에 있다는 소식을 듣고는 다시 방향을 돌렸지요."

"사업도 잘하고 안정적이셨는데 왜 동춘을 인수하시게 된 건가요?"

"무대공연은 TV드라마의 붐과 새마을 운동의 활성화로 전부터 사양길로 접어들었지만 동춘만은 없어지면 안 된다는 생각을 가지고 있었어요. 일제의 문화말살정책 속에서도 동춘은 무대를 이끌어 온 산 역사이고 표본인데 이대로 무너질 수는 없다는 생각에 인수를 했지요. 우리나라에서 예술의 주도적인 중추역할을 했던 서커스라는 장르 자체가 없어질지도 모르는데 도저히 그냥 있을 수가 없었어요. 그리고 우리 동춘은 그동안 사기행각 안 하고 관객을 속인 적도 없고 단 하나뿐이었기 때문에 반드시 성공할 수 있다고 믿었어요. 그때 당시 아파트가 1,500만원할 때 동춘을 8,000만 원에 인수를 했어요. 사업한 돈으로는 부족해서 빚도 많이졌어요. 집사람도 처음에는 반대가 심했지만 나중에는 이해해주고 도움도 많이 주었어요."

"그런 갈등 속에서 인수를 하셨는데 그 이후로는 어떠셨어요?"

"단원이 50명이었는데 젊은 사람이 인수를 해 놓으니 편가름도 심해서 싸우기도 하고 파업도 하고 대화가 안 돼서 주먹도 오가고 그랬어요. 무작정 열심히 할 수밖에는 없었기 때문에 밤잠 줄이고 직접 무대에 서고 1인 다역을 했지요. 그러면서 차츰 인정도 받고 단원들의 신망도 얻었지요. 신인들은 가르치고 아이들은 주로 단원들의 아이들이나 모집을 통해서 충원하면서 상업적인 유혹 다 뿌리치고 고집스럽게 순수예술만 했습니다".

"단원들끼리 결혼도 하고 그러나요?"

"많이들 했지요. 제가 주례도 서고 그랬습니다. 악단이 연주하고 동물들도 축하해 주고 공연시간보다 일찍 오는 관객들이 하객이 되기도 하고 그랬지요. 그리고 바로 무대에 서지요. 아이를 낳고도, 부부 싸움을 하고도 서야 되는 것이 무대 인생입니다. 그게 우리의 고통이고 설움이기도 합니다. 지금도 몇 대째 단원으로 있기도 합니다."

“삼십 년이 넘는 단장 생활 속에서 가장 기억에 남는 사건이랄까 그런 것이 있다면요?”

“우리 서커스단의 재산 목록 1호였던 코끼리가 죽은 일이에요. 어떤 일류배우보다도 인기가 좋았고 조련을 해 놓아서 더 영리했지요. 제가 사업한다고 몇 년을 떨어져 있었는데도 극단 인수하러 가니까 제일 먼저 반겨주었어요. 저를 기억하고 앞발을 들어서 이리 뛰고, 저리 뛰면서 반갑다고 재롱을 부리던 기억이 눈에 선하네요. 그런데 관리하는 사람의 실수로 배에 화상을 입었어요. 그때까지만 해도 수의학이 발달되지 않아서 미국에서 약을 조달 받아서 제가 직접 주사를 놓고 한 달간 치료를 해주었어요. 같이 자면 제 눈을 말똥말똥 쳐다보면서 아프니까 눈물도 흘리고 그랬어요. 잘 치료가 되어가서 살수도 있었는데 숙직하는 사람이 난로를 꺼뜨리는 바람에 동사를 했지요. 건강하면 스스로 몸을 움직여서 열도 내고 하는데 약해진데다가 그날따라 새벽에 -10℃로 급강하는 바람에 밤새 얼어 죽었지요. 그런데 포크레인으로 묻었다가 2~3일만에 다시 파냈어요. 가장 사랑했고 도저히 재롱 피우던 그 모습이 아른거려서 못 견디겠더라고요. 제가 지나가기만 하면 그 큰 몸집으로 꼬리를 흔들고 제 옷자락을 잡고 좋아서 어쩔 줄 몰라 했거든요. 그래서 우리나라에는 기술이 없어서 일본에서 두 분을 모셔다가 표본을 만들어서 아직까지도 지니고 있어요. 관객들에게도 보여주고 그러고 있지요.”

“지금은 코끼리가 없나요?”

"지금은 없지만 돈 벌면 무조건 사야지요. 저는 돈 벌면 땅이나 옷, 집 같은 것은 두 번째예요. 먼저 서커스의 좋은 장비, 동물, 어떻게 하면 우리 단원들을 잘 살게 해주나 이게 전부예요."

"책임이 막중하실 것 같은데 지금 상설 서커스극장이 생긴 거예요?"

"부천에 상설극장을 3,800평대지 위에 1,500석으로 짓고 있습니다. 아마 세계에서 서커스 공연하기에는 가장 좋은 시설이 될 거예요. 제가 전 세계 공연장을 다니면서 러시아를 비롯한 평양의 전용극장, 미국의 라스베이거스극장, 중국의 월드서커스극장의 전체를 종합하고 뮤지컬을 할 수 있는 복합무대를 만들고 있거든요. 원래는 2004년에 착공해서 2005년에 개관할 예정이었는데 여러 가지 어려움으로 미루어지고 있습니다. 우리가 외국을 가면 특히, 중국 같은 경우는 관광패키지로 서커스 공연이 묶여 있어요. 비언어극이니까 전 세계에서도 관광산업 품으로 서커스를 제일 많이 쓰고 있어요. 앞으로 문화가 시민들에게 삶의 멋을 만들어 줘야 하듯이 우리 공연이 많은 사람들에게 꿈과 희망과 즐거움을 주기를 바랍니다."

"공중공연에서 최고인 북한의 평양예술단과 기획력 있는 우리 공연단과 합쳐지면 세계최고가 될 것 같다는 생각도 드네요. 성공하기까지는 집에 안 가겠다고 집을 떠나오셨는데 종손으로서 할아버지께 하시고 싶은 말이 있으실 것 같아요."

"지금은 할아버지와 아버님은 돌아가시고 어머님만 살아계시는데 할아버지는 한학자로서 좋은 일을 많이 하셨습니다. 못된 자식은 학비를 안 주셔도 이웃에 착한 학생들의 교육비는 다 대주셨어요. 마을에서도 유명하셨는데 저는 다른 길을 왔지만 그래도 나름대로 인정도 받았지요. 서커스의 단장이란 직책이 참 외로워요. 돌아다니기 때문에 이웃도 없고, 친지도 없고, 은행거래도 잘 안되고, 늘 제가 혼자서 모든 것을 준비하고 가지고 있어야 하는데 힘든 고비도 많지요. 그때마다 할아버지 산소를 갑니다. 그러면서 내가 할아버지 자손이기 때문에 이대로 포기할 수 없다는 각오와 결심을 다지고 오지요. 많은 힘과 위로가 됩니다."

대한은퇴자협회 **주명룡** 회장

"은퇴는 멋진거야!"

"성(sex)과 배움은 죽어서 몸이 뻣뻣해질 때까지 잊으면 절대 안돼!"

대한은퇴자협회 주명룡 회장의 말입니다.

은퇴는 그동안 열심히 일하던 직장에서 해방되어 나 스스로 무엇이든 할 수 있다는 것을 뜻합니다. 제 2의 인생을 시작하는 겁니다. 그렇기 때문에 은퇴는 황금의 시절이고 새롭게 시작하는 긴 여정입니다. 끝이 아니라 이제부터 새로운 출발을 하는 겁니다". 은퇴에 대해서 이렇게 당당한 말이 있을까요? 이렇게 스스로 긍정적인 마음을 갖는다면 은퇴는 참 즐거운 일이 될 것입니다.

1981년 홀연히 미국으로 이민을 가서 뉴욕 한인회장을 역임하고 한인 식품협회(KAGRO)를 이끌어 오면서 나름대로 성공한 삶을 누리다가 이민 20년을 꽉 채우고 지난 2001년 홀로 미국생활을 정리하고 한국 땅으로 들어와서 꾸린 것이 바로 은퇴자협회입니다.

그냥 편안히 살수도 있었는데 왜 은퇴라는 화두를 가지고 씨름을 하게 됐는지 대한은퇴자협회 주명룡 회장을 만나보았습니다.

"은퇴자협회 회장님이라고 하셔서 굉장히 연세가 지긋하실 줄 알았는데 물론 환갑이 훨씬 지나셨지만 참 젊어 보이십니다. 언제부턴가 우리나라도 노년과 은퇴가 많은 화두가 되고 있어요. 벌써 많은 4,50 대 분들이 직장에서 눈치 보여서 못 있겠다고 들해요."

"우리 세상이 잘못됐다고 봅니다. 한참 일할 수 있는 4,50대의 나이에 은퇴다, 명퇴다 이야기가 나오고 인생 절반도 안 된 세대들이 현직에서 밀려나야 하는 우리나라만이 가지고 있는 사회적, 경제적 구조가 참 안타깝습니다. 은퇴자협회는 선진국마다 이미 다 설치가 되어 있어요. 미국은 60년 전에 생겼고 덴마크나 스웨덴 같은 경우는 100년의 전통을 가지고 있어요. 우리나라는 이제 협회가 생긴지 5년이 지나고 있는데 이런 고통 받는 은퇴자들에게 세상을 변화시키는 계기를 만들고 힘을 불어 넣어야 하겠죠."

"은퇴라고 하면 우리는 가장 먼저 떠올리는 것이 돈이에요. 남은 인생을 일 안 하고 어떻게 살 것이며 또, 일을 하고 싶어도 일자리가 없는 것이 현실이고요. 어느 광고에서는 노후를 편안하게 살려면 10억은 있어야 된다고 해서 여러 사람 가슴 철렁하게도 만들었는데 65세부터 내외가 작은 집을 가지고 그냥 살려고 하면 어느 정도의 돈이 필요한 거예요?"

"저는 돈이 다는 아니라고 생각하는 사람 중에 하납니다. 우선 통계청 자료를 보면 대략 130만 원을 얘기를 해요. 그 외로 받을 때는 조금 더 들어가겠죠. 거주하는 집은 있다는 전제하에 최저로 살 수 있는 금액인데 풍요로운 생활을 하기 위해서 10억 정도 있어야 한다는 그런 분들과 전쟁하다시피 얘기해서 그런 말로 전 국민 기죽이지 말고 광고를 내지 못하게끔 항의하고 그럽니다. 집하나 있고 어느 정도 저축분이 있고 그러면 7월 1일부터 시행되는 연금형 모기지론을 이용하시면 한 100여만 원 정도를 받을 수 있거든요. 3억에서 6억 미만의 집이 있으면 평생 죽을 때까지 타서 쓸 수가 있어요. 연금과 자기 집을 담보로 매일 골프를 칠 수 있는 돈은 안 되겠지만 괜찮은 생활을 할 수가 있습니다. 너무 10억이 있어야 한다, 20억이 있어야 한다는 소리에 현혹되지 않으셨으면 좋겠어요. 그리고 우리나라가 연금이 고갈된다, 안 된다 그런 속에 있지만 결과적으로는 선진화되어가는 과정 속에서 모든 문제를 극복해나가면서 소위 자신이 국가를 상대로 해서 부은 연금, 나아가서는 본인의 퇴직연금, 또 더 나아가서는 자신의 저축분에 의해서 이 세 가지가 상승작용을 하면서 앞으로 은퇴하는 분들은 괜찮지 않겠나, 저는 그렇게 보고 있습니다."

"구체적으로 미국에서는 몇 살부터를 은퇴로 봅니까?"

"보통 65세가 넘어야 하죠. 그런데 한국은 그렇지 않죠. 미국을 예로 들면 미국은 우선 1967년에 연령차별금지법을 만들어서 연령에 의한 차별을 못 하게 했고, 1978년에 정년을 70세로 올렸습니다. 그리고 1986년에는 아예 정년을 없애버렸어요. 그 얘기는 나이가 팔십이 됐든 구십이 됐든 일을 할 수 있는 여건이 되면 하라는 것입니다. 그런데 대부분의 미국인은 65세에서 70세 정도에 본인들이 스스로 선택을 해서 은퇴를 하지요. 연금은 65세에 접어들면 100% 다 나옵니다. 이런 걸 볼 때 우리나라는 연금제도에서 연령도 잘못됐고 금액측정도 잘못되었지요. 60세부터 연금이 나오는데 조기퇴직이 성행하는 나라기 때문에 56세쯤에 밀려난다고 하면 한 4~5년을 아무것도 없이 기다려야 하고 또, 나온다 하더라도 용돈수준이기 때문에 실질적인 생활을 영위하기에는 턱없이 부족하죠."

"똑같은 은퇴자금으로 우리나라에서는 어렵게 살지만 동남아에 가면 왕 대접 받으면서 살 수 있다고 해서 많은 분이 은퇴이민을 생각하세요."

"동남아 이민을 하면 일이백만 원으로 왕처럼 살 수 있다고 해서 많이들 생각하시는데 우리나라 서울시 외곽에서 그런 돈을 안 주고도 잘살고 계시는 전직 CEO나 간부들을 많이 찾을 수가 있어요. 왜들 먼 나라에 가서 고생을 하시려고 하는지……. 골프, 해변 좋죠. 하지만, 38℃ 되는 곳에서 매일 골프 친다고 생각해 보세요. 그것도 고역입니다. 그런 것 못해보신 분들이 많고, 적은 비용으로 그렇게 살 수 있을 것 같아서 얘기들 하시는데 한 번쯤 되돌아봐야 합니다. 이제 겨우 오륙십 대라면 평균수명으로 따져도 이삼십 년, 운이 좋으면 백 살 넘어서까지 사실텐데 인생의 진정한 의미를 생각해보고 어떻게 살 것인가를 진지하게 고민해봐야 합니다."

"오히려 이민 가셨던 분들은 다시 한국으로 되돌아오려고들 하세요. 회귀본능 때문일까요?"

"저도 30년 가까이 해외생활을 해왔지만 소위 선진국이라고 하는 미국 같은 나라에서 성공한 교포들도 더 늙기 전에 고향에 가서 살고 싶다고 많이들 얘기하세요. 60세 넘으신 분들이 정 떠난다면 차라리 선진국으로 가라고 말하고 싶어요. 순전히 돈, 값어치 때문에 미끼로 던지는 '하녀를 둘 수 있다, 가정부 두 명 둘 수 있다, 골프를 맘대로 칠 수 있다' 는 이런 것만이 전부가 아니고 진정한 은퇴의 의미가 아니거든요."

"제 연배의 많은 분이 자식 때문에 은퇴자금을 만드는데 곤란을 겪으세요. 때로는 만들어 놓은 은퇴자금을 그야말로 자식에게 고스란히 털리는 경우도 있더라고요."

"저희가 법칙으로 삼는 것 중의 하나가 절대 자식에게 다 주지 말고 주머니를 따로 차시라는 거예요. 늘 강조하고 아주 원칙으로 삼고 있지요. 간혹 자식이 돌봐주겠지 하는 생각에 다 주었는데 의지도 못하고 그러는 경우가 있습니다. 특히 아들의 경우는 결혼을 하게 되면 부인이 가정의 경제권을 맡고 있기 때문에 시부모님을 모신다는 것은 점점 더 어려워지고 있어요. 그래서 주머니는 꼭 움켜쥐고 계셔야 된다고 강조하고 싶습니다. 그리고 가능하면 많이 가지고 있는 것처럼 보여야 자식들이 더 섬기려고 애를 써요……. 하하하! 또 공무원 연금 같은 경우는 절대로 한꺼번에 받지 말아야 하고요."

"요즈음 한국은 기러기 아빠들도 많아요. 그리고 은퇴 후에 부부가 나란히 늙어가면서 나머지 인생을 즐겨야 하는데 황혼이혼도 늘고 있고요."

"기러기 아빠는 지구상에서 한국에만 존재하는 거예요. 소위 조기유학에 전 생애를 바치시는 가장들을 미국에서도 많이 봤는데, 대단히 잘못된 겁니다. 우리나라 교육의 근본적 문제점도 간과할 수 없고요. 나중에 은퇴 후를 생각할 겨를이 없이 자식에게 올인 하는 조기유학이라든가 과도한 혼수는 참 문제가 많습니다. 그리고 황혼이혼은 남성들이 젊었을 때부터 잘하는 수밖에는 없지요."

"회장님은 자녀를 어떻게 키우셨나요?"

"저는 아들만 둘인데 큰 아이가 6살 때, 작은 아이가 3살 때 미국을 와서 아이들의 사고방식이 많이 미국식이에요. 우선 아이들이 자기가 하고 싶은 것을 할 수 있도록 해줬고 기본적으로 마약과 갱단에만 안 들어가는 것을 가이드라인으로 설정해 주고 돌봐 줬어요. 대부분의 교포들은 자식들이 의사나 변호사가 되기를 바라지만 저는 그런 것도 없었어요. 그냥 하고 싶은 것 하라고 해서 큰 아이는 만화가가 됐고 작은 아이는 공군에 들어갔다가 지금은 컴퓨터 애널리스트를 하고 있어요. 한 번은 큰 아이가 첫 직장에 들어간 기념으로 차 한 대를 사주려고 물어봤더니 아들이 그런 걸 왜 사주느냐고 그래요. 저는 대단한 아빠로서의 역할인 줄 알고 아이가 기뻐할 줄 알았는데 아이는 전혀 그렇지가 않았죠. 미국교육이 좋은 게 그런 것을 교과과정에서 가르쳐주지는 않았지만 어느 정도 고등학교 졸업하고 대학을 나오면 독립적으로 자기 인생을 일군다는 것이 문화로 형성되어 있어요."

"81년에 이민 가셔서 나름대로 성공한 이민자의 삶을 사셨는데 은퇴하셔서 유유자적하게 여행도 다니시면서 즐기실 나이에 왜 한국으로 갑자기 나오시게 되셨는지요?"

"제가 90년대 중반에 뉴욕 한인협회회장을 했고 그전에는 직능단체장을 해오면서 제 나름대로 나머지 인생을 어떻게 살아야 하겠다는 것이 가슴 속에 준비되어가고 있었어요. 작은 인생이지만 뭔가 사회에 도움이 되는 일을 하다가 인생을 끝내야 하겠다는 소망이 늘 쌓여 있었습니다. 그래서 뉴욕 한인협회장을 끝내면서 미국은퇴자협회를 모델로 해서 96년에 뉴욕에 한국은퇴자협회를 차렸습니다. 그래서 크게는 아니지만 활동을 해오다가 97년 말에 한국의 IMF를 보고 많은 중장년층이 무너지는 것을 보면서 그래도 뭔가 선진사회에 살면서 축적된 저의 노하우를 한국에 가지고 가서 우리나라 사람들에게 힘이 되는 일을 해야겠다는 결심을 했죠. 하지만 가족들도 있고 하던 사업들도 있어서 한국행이 쉽지가 않더라고요. 그렇게 차일피일 미루다 2001년 11월에 갑자기 드는 생각이 내가 인생이 끝나가는 시점에서 의식이 꺼져갈 때 내 인생을 돌이켜 뭐가 가장 안 좋았을까였어요. 미국이라는 잘 닦여진 땅에 내가 가꿔놓은 풍요로움을 못 버려서 하고 싶은 것을 못하고 죽는 거라는 결론이 자꾸 나니까 도저히 안 되겠더라고요. 그래서 2001년 11월 16일 한국에 왔죠. 12월이 넘어가는 것도 싫었어요. 저를 더 굳건히 하기 위해서 미국 국적도 포기하고 한국 주민등록증도 받았지요."

"후회하지 않으세요?"

"절대 후회하지 않습니다. 속이 다 후련하던 걸요. 물론 아내에게 많은 사람이 미국을 못 와서 난리인데 그것까지 버릴 필요가 있느냐고 많이 혼이 났지요. 하지만 누구보다도 저를 이해해주니 너무 고맙지요. 한국에 뿌리를 내리고 제가 하고 싶은 일을 열심히 할 수 있으니 기뻤어요. 하고 싶은 일을 해야지요. 여러 선진국의 은퇴에 관한 책들을 보면 하고 싶은 일을 하라는 말이 제일 많이 나옵니다. 단지 우리나라 여건이 NGO(비정부 기구)를 꾸려나가는 데 어려운 부분이 많아 좀 답답하기는 해도 저 자신으로서는 큰 결단을 내려서 제2의 인생을 꾸려나가는 것이기에 뿌듯합니다."

"이민을 가시기 전까지는 대한항공이라는 좋은 직장이 있으셨어요. 그런데 왜 이민을 결정하시게 된 건가요?"

"72년에 대한항공에 입사해서 8년을 근무하면서 세계 각국도 다니고 소련에 보잉기가 격추됐을 때 현장에도 있었습니다. 여러 가지 경험들을 하면서 항공사가 주는 멋과 풍요로움이 좋기는 했지만 젊었을 때 뭔가 좀 더 도전적으로 개척을 해야 하지 않겠느냐는 생각에서 넓은 땅으로 가게 되었지요. 미국에 가서도 고생을 많이 했는데 다행히도 좋은 유대인을 만나 샌드위치와 커피를 파는 델리가게를 하게 되었습니다. 그러면서 유색인종은 못하게 하는 맥도날드에 도전을 해서 6개월 인터뷰에 3,000시간 훈련을 받아서 4년 만에 맥도날드 첫 가게를 차리고 UN 본부 앞과 엠파이어스테이트

빌딩 맞은편과 카네기홀 옆에도 차리게 되었습니다. 9.11 때문에 차이나타운에 차렸던 맥도날드 점은 손해를 좀 봤지만 그래도 꽤 자리를 잡았지요."

"그렇게 열심히 번 돈을 가지고 협회를 운영하시는데 사무실 임대비용에 상근 여직원 임금에 한 달에 꽤 많은 돈이 들어갈 것 같아요. 모든 경비는 회장님이 다 충당하십니까?"

"회원들이 회비도 내시고 후원도 해주세요. NGO라 정부의 지원을 못 받다 보니까 수익사업으로 행운의 과자도 만들어 팔면서 어떻게 해서든 재정자립을 해서 독립적으로 운영해 보려고 노력하고 있습니다."

"처음에는 굉장히 생소하기에 호응도 별로 없고 그래서 회장님 개인 돈도 많이 쓰셨다고 들었는데 같이 오신 분들은 어떤 분들이세요?"

"원래는 세 명이 더 왔다가 지금은 다 돌아갔죠. 저 보고 다 미쳤다고들 해요. 하지만 뭐든지 미쳐야 해요. 이 일은 개인적인 바람이 없이 순수하게 독립적으로 해야 해요. 한국의 노령화에 대해서 정책적으로나 또, 그 대상이 되는 한국의 중장노년층에게 희망과 함께 앞으로 남은 인생을 어떻게 도전적으로 살아갈 것인가 그런 것에 대해서 우리가 힘이 조금이라도 된다면 아주 좋죠. 그런데 저희들이 꾸려나가면서 힘든 것은 우리 사회가 선진국처럼 되어 있으면서도 많은 사람의 생각은 후진적이라는 거예요. 만약 우리가 불우이웃돕기 식이라거나 저소득층에 연탄을 사준다거나 집을 꾸며

주기 같은 것을 한다면 호응도는 높을 것으로 보고 있어요. 그러나 사회변화 운동이라는 것은 보이지가 않거든요. 성과가 금방 나오지도 않고요. 그러니까 몰려왔다 떨어져 나가고, 몰려왔다 떨어져 나가고 하지요. 하지만 제 자신이 바라는 것들이 오랜 시간이 지나면 중심적인 역할을 하면서 세상을 변화시킬 것이라고 믿고 있습니다."

"미국의 경우에는 은퇴할 나이가 되면 보통 뭘 하면서 지내는지 궁금해요."

"완전한 은퇴는 없는 것 같아요. 미국사회가 은연중에 가르쳐준 사회활동의 역할을 배우기 때문에 지역사회봉사를 하시면서 경제적으로 생활을 위해 좀 더 돈을 벌어야겠다 하면 파트타임으로 일을 하시고 그런 것이 필요 없는 분들은 꼭 종교적인 활동을 떠나서라도 지역사회에 참여를 해서 아이들을 돌봐준다든지 도서관에 나가서 책 정리를 해 준다든지 이런 식으로 미국사회 곳곳에서 교포들이 활동을 하고 있죠. 그러면서도 한국에 오고 싶어 하는 교민들이 많아요."

"회장님은 조직력이 뛰어나신 것 같아요. 한인회장도 하셨고 한인 식품협회를 만드셨고요."

"한인협회보다 식품협회라는 것이 더 대단한 거예요. 80년대 말까지도 3,000명이 넘는 교포들이 뉴욕시내에 식품상을 하면서도 미국 식품생산업계로부터 천대를 받으면서 어렵게 살아갔어요. 이런 불공정한 관행을 보면서 단체를 결성하게 됐고 미국의 큰 회사들을 쥐고 흔들게 되었죠. 가령 코카콜라는 미국인이 경영하는 슈퍼에서 파는 가격이 우리가 사려고 하는 도매가 보다 더 쌌어요. 그러니까 우리는 팔 수가 없었죠. 그래서 2인 1조로해서 한국 사람처럼 보이는 가게는 다 조사를 해서 리스트를 만들었어요. 그리고는 200여 명의 명단을 코카콜라부사장에게 주면서 아무데나 전화해 보고 한인 식품협회(KAGRO) 회원인가 아닌가 확인해보라고 했죠. 거기서 완전히 판정승을 거둔 거예요. 그 후로 펩시, 클레프트 등 하나하나 정복해 나간 거죠. 싸게 물건을 살 수 있도록 해주면서 한국인들을 중간상인으로 보고 거기에 상응하는 대가를 내놓게 해서 사회공헌을 하게 만들었죠."

"대부분 교포사회에서 성공을 하고 이민협회의 회장을 거치게 되면 정치 쪽으로 관심을 많이 두시던데 회장님은 어떠신가요?"

"정치에는 전혀 관심이 없어요. 그렇지만 NGO는 인정받지 않은 정치가예요. 여의도에 가야 정치를 하는 것으로 알고 계시는데 저는 여의도에 계시는 분들을 가지고 정치를 하고 있죠. NGO니까요. 또 정부관청을 상대하고 정부종합청사를 상대하고 그러니까 우리가 더 높은 정치를 하고 있는지 모르겠습니다…….하하하!"

"미국 이민자에게 주는 최고영예인 '엘리스 아일랜드(Ellis Island)상' 도 받으셨지요?"

"해마다 미국 다민족협회에서 미국 내에서 성공적으로 살아온 이민자들을 각 소수민족에서 뽑아냅니다. 거기에 선출되면 이민자로서의 최고의 영예라고 보지요. 저는 97년에 선정이 되었는데 빌

클린턴과 함께 받았어요. 미국사회는 다 이민족들이니까요."

"은퇴 후에 가장 바람직한 삶은 어떤 것일까요?"

"자기를 돌이켜보고 앞날을 예측하면서 남은 인생을 어떻게 살 것인지 심각하게 고민을 해봐야 됩니다. 그러면 거기에 해답이 나올 거예요. 만약 해답이 안 나온다면 저희 협회로 오셔도 좋고 저를 만나러 오셔도 좋습니다. 이제까지 해 보고 싶었던 일 중에서 다는 못하더라도 가장 하고 싶은 일을 하셔야 되고 그러면서 사회에 일원으로서 꾸준하게 자원봉사를 하시면서 남은 인생을 보내셔야 됩니다. 이 부분에 있어서 특히, 경제적인 부분이 충족되지 않으신 분들은 재취업을 하셔야 되고, 아직 은퇴를 생각지 않았거나 은퇴를 준비 중인 분들은 그런 것을 예상을 하셔서 미래에 필요한 기술이라든지 학문적인 것을 습득을 해 놓으셔야 해요. 거듭 말씀드리고 싶은 것은 평생교육과 더불어서 늘 내 부족한, 하고 싶었던 그 일을 관 뚜껑을 덮기 전에 하셔야 된다는 겁니다. 미국의 마가렛 쿤이라는 유명한 NGO 대표가 '성(sex)과 배움은 죽어서 몸이 뻣뻣해질 때까지 잊으면 안 된다.'는 얘기를 했는데 살아있다는 증거는 결국 이 두 가지 그중에서 저더러 강조를 하라고 한다면 배움과 또 하나 하고싶은 일을 어떻게 해서든 하시라고 말씀드리고 싶습니다. 70에 미국 대륙을 횡단하고 조종사가 되고 고공낙하를 하고 심해 스카이다이빙을 하는 분들이 아직도 많습니다. 우리 사회도 서서히 일어나고 있어요. 그런 식으로 남은 인생을 사셔야 합니다. 사무엘 울만의 시처럼 나이라는 건 머릿속에 가슴 속에만 있는 것이거든요. 나이에 연연하시지 마셨으면 좋겠어요. 40에 70같은 젊은이가 있는가 하면 70에 40도 안 되는 정신을 가지고 있는 분들도 많습니다."

※대한은퇴자협회 02)456-0308

가정경영연구소 **강학중** 소장

가족도 고객! 고객이 OK할 때까지!

사회변화에 맞춰서 가족도 끊임없이 변하는 것이 순리 · 변화경영의 지혜는 기업이나 국가에만 필요한 것이 아니라 가정에서도 필요한 것입니다.

가족에게 튼튼한 울타리가 되어주고자 곁눈질 한번 하지 않고 열심히 달려온 한 가장이 있습니다.

덕분에 눈높이 교육으로 유명한 대교의 대표이사 자리에 올랐고 풍요로운 가정을 꾸려갈 수 있었습니다.

하지만 마냥 행복해할 줄 알았던 가족의 고백은 그의 마음을 흔들어놓았습니다. 아버지와 함께 저녁을 먹는 것이 소원이라는 아이들, 그리고 아이들 아버지 없는 집으로 보일까 봐 커튼을 치고 저녁식사를 했다는 아내. 결국 그는 본인 스스로 남들이 부러워하는 대기업 사장 자리를 버리고 가정의 행복 지킴이로 나섰습니다.

가정에서 발생할 수 있는 여러 가지 문제들을 미리 예방하여 행복한 가정을 만드는 데 도움을 주는 한국가정경영 연구소를 이끌고 있는 강학중 소장을 만나보았습니다.

"'가정경영연구소', 이름이 좀 어려운데요, 어떻게 경영해야 잘하는 걸까요?"

"일과 가정의 균형을 잘 맞추면 잘 할 수 있습니다."

"말은 쉽지만 현실은 그렇지 않잖아요. 언제 어떤 의도로 만드신 건가요?"

"2000년 1월 1일에 시작해서 벌써 8년째인데, 회사경영의 책임을 지다 보니까 집안 일이 편하지 않고서는 자기 일에 몰두하기가 쉽지 않더라고요. 그러면서 직원들의 가정이 편해야 하겠다는 것과 이제는 가정도 회사를 경영하듯이 경영마인드가 필요한 게 아닌가 생각하게 되었지요. 기업경영만 경영이 아니고 요즘에 학교경영, 병원경영, 국가경영을 하듯이 말이죠."

"정말 중요한 게 가정경영인데 우리는 아무런 교육 없이 아내, 남편이 되고 또 엄마, 아빠가 돼요. 그러다 보니 여러 가지 문제들이 생기는 것이 아닌가 싶어요."

"국, 영, 수 공부 반의 반만큼도 안 하고 결혼해서 남편과 아내가 되는지도 모르죠. 조금 과장해서 얘기하면 운전면허증을 따는 만큼의 공부도 안하고 우리 세대는 부모가 되었던 게 아닌가 싶어요. 다 그렇게 사는 것으로 알았고 한 남자 한 여자 만나서 살다 보면 아이는 일단 생기고요. 그렇지만 생물학적으로 어머니, 아버지가 되었다고 해서 모두 자격이 있는 부모는 아니거든요. 그럼에도 불구하고 우리 어머님 세대는 잘 키우셨는데 요즘 들어서 아이들 키우기가 더 어려워졌는지도 모르죠. 옛날이야 대가족이 살아가다 보니 부모의 부족한 부분은 할아버지 할머니를 비롯한 이모삼촌이 메워주고 보완해줬고 또, 형이나 누나가 동생들을 키워주기고 했지요. 그런데 요즘은 어떤 부모를 만났느냐에 따라서 양육환경이 천국과 지옥을 왔다 갔다 해요. 부모를 잘 만나는 게 엄청난 복이죠."

"강학중 소장님의 부모님은 어떤 부모님이셨어요?"

"제 시대야 다 헌신적이셨지만 되돌아놓고 보면 단연코 최고이셨습니다. 부모님은 초등학교밖에 못 나오셨기 때문에 본인의 못 배운 한을 자식에게만큼은 물려주지 말아야겠다고 해서 부모님의 삶 자체가 자식 공부의 전부였어요. 경남 진주가 고향인데 4남매 공부시키려고 무작정 서울로 올라왔어요. 연고도 없고 특별히 가진 것도 없이 올라와서 정말 못 먹고 못 입고 오직 자식공부를 위해서 사셨죠. 자신의 삶보다는 항상 우선순위가 자식이었죠. 아버님은 말씀이 없으셨고요, 참 과묵하셨어요. 뒤돌아보면 생활능력이 아주 뛰어나셨던 건 아니셨는데 자기감정을 절제하시는 데는 아주 탁월하셨어요. 예를 들자면 홧김에 아이를 혼내거나 하시지는 않으셨어요. 혼낼 일이 있으시면 싸리비를 꺾어오라고 하시고 꺾어오는 그 사이에 스스로 자제를 하셨어요. 더러는 저희가 잘못해서 어머니께서 화를 내시고 언성을 높이시면 왜 당신은 그러느냐고 하실 정도였죠."

"연고도 없이 서울에 올라오셔서 어떻게 4남매를 키우셨을지 궁금합니다.”

“처음에는 여관을 하시다가 잘 안되기도 했고 아버님이 폐암이시라 다시 시골로 내려가 요양을 하셨어요. 그때는 집 한 칸 없이 어머님이 하숙을 쳐서 겨우겨우 생활했지요. 제가 고등학교 2학년 때 아버님이 돌아가셨는데, 오십대 초반의 어머님이 홀로 자식들을 키우셨어요. 나중에 커서 어머님께 절망스럽지 않으셨냐고 여쭤봤어요. 그런데 그렇지 않으셨대요. 아직 어린 자식이 넷이나 있다는 것이 어머님이 살아가는 이유고 살아내셔야 하는 힘이었다고 하시더라고요. 그래서 어머님이 바로 대기업가라고 얘기를 드리니까 이해를 못 하세요. 배운 것도 없는데 무슨 기업가냐고 하시기에 일단은 자식농사라는 투자 종목을 잘 선택하셨고, 끝까지 포기하지 않고 열심히 키우셨고, 더욱이 남편 죽고 그 위기 앞에서도 흔들리지 않으셨으니 수익성으로 보면 돈 몇 푼으로는 따질 수 없는 엄청난 수익성이라고 설명을 드렸죠. 그랬더니 어머님이 고개를 끄덕이며 제 말이 맞는 것 같다고 하시더라고요.”

“4남매를 다 대학에 보내셨어요?”

“그렇죠. 그런데 가장 기대를 했던 막내아들이 마지막에 좀 속을 썩였죠. 제가 어릴 때 가장 많이 들었던 이야기가 ‘학중이, 학중이, 우리 학중이’ 였어요. 사실은 막내아들 경기중학교에 보내시겠다고 서울에 올라오셨는데 무시험으로 무산이 되면서 경기고등학교를 못 갔어요. 게다가 아버님 돌아가시고 두 번씩이나 출가가 아닌 가출을 해인사로 화엄사로 두 번을 했지요. 첫 번째 가출은 부모님이

기대하시는 S대학교에 갈 자신이 없어 도피하고 싶은 마음에 해인사에서 행자 생활을 했어요. 밥 하고, 머리도 깎고. 아무런 흔적도 없이 집을 나왔다가 제가 해인사에서 보낸 편지의 소인을 확인하시고 수소문 끝에 찾아오셔서 어머님 손에 이끌려 내려왔죠. 두 번째 가출도 비슷한 이유였는데 다시 들어와서 마음잡고 했던 공부가 의지만큼 되지도 않았고 어머니가 생각하는 만큼 착실한 아들이 아니었다는 생각 때문이었어요. 그때 제가 생각했던 단어가 '참회' 였던 거 같아요. 밥이나 축내는 밥 중은 아무나 할 수 있는데 제대로 된 승려가 되는 것은 참 어려운 일이구나 깨닫고 제 스스로 다시 돌아왔죠."

"저희도 어머니가 공부시킨다고 3남매를 데리고 무작정 올라오신 경우거든요. 제가 지금도 기억이 나는데, 아침을 하러 나갔더니 그때는 남의 집에 셋집을 얻어서 사는데 연탄 화덕 앞에 앉아서 울고 계세요. 왜 그러시냐고 했더니 제가 몸이 약해서 밥을 잘 안 먹으니까 없는 돈에 장에 가서 청어 2마리를 사 갖고 그걸 아침에 해서 먹여 보내려고 했는데 아침에 나가보니 쥐가 물어가 버린 거예요. 더러는 맞고 자랐어도 빗나갈 수 없는 가장 절대적인 이유를 부모님은 보여주시는 거죠."

"그런데 가정경영을 해보시면 요즘 어머니들이 많이 변한 것 같지 않나요?"

"일단 많이 배우셨고, 훨씬 의식도 있으시고 가치관도 뚜렷하세요. 무작정 자식만을 위해서 희생할 수는 없다며 자신도 챙기는 어머님도 계시고요. 여전히 자식을 위하는 마음의 절대량에는 변함은 없는데 왠지 바람직하지 않은 방향으로 가는 것 같아요. 대리만족일 수 있고 완전히 분위기에 휩쓸려서 온전한 자신이나 중심을 찾기가 힘드니까요. 끊임없이 불안하고 초조하고 비교되어지고, 그런 의미에서 요즘 어머니들이 많이 힘들어하시는 것 같아요. 너무 지나치게 자기 자녀만을 챙기는 게 결국엔 내 자녀한테 좋은 것도 아닌데 그걸 뒤늦게 아세요. 제일 안타까운 것은 정말 내 아이를 어떻게 키우는 것이 잘 키우는 것인지 자문해보고 부부가 대화를 나누어야 하는데 키우는 방식 때문에 부부가 의견이 달라서 싸우는 경우예요. 요즘은 현실적으로 맞벌이를 하지 않으면 안 되는 세상이라 대신 키워줄 분이 없는 상태에서는 늘 전쟁이거든요. 엄마만의 잘못으로만 돌리기에는 사회의 구조적인 문제도 참 많고, 정말 간단하지 않습니다."

"결혼은 언제 하셨나요?"

"25세에 했으니까 조금 빠른 편이죠. 사내 결혼이었어요. 제가 신입사원접수를 맡고 있었는데 저희 집 사람이 접수번호 4번이었어요. 3월에 입사한 사람이 10월에 그만두고 11월에 결혼을 했지요. 제가 지금은 가족이나 가정에 대해서 학생들을 가르치고 밖에 나가서 강의를 하지만 저도 되돌아보면 참 아이러니한 게 정말 뭘 몰랐어요. 정말 남자는 밖에 나가서 일하고 여자는 살림살고 애 키우는 게 전부라고 생각했었고 식구가 있는 곳에서 아내를 대변해 주는 것은 못난 놈이나 하는 짓이란 걸 알았어요. 또, 아이가 어려서 같이 갈 형편이 못되면 그냥 혼자 영화도 보러 다니고 뭘 몰라도 한참 몰랐었죠. 아이가 빽빽 울면 다음날 출근을 해야 하는데 피곤하면 안 되니까 베개 들고 옆 방 가서 자고 아내가 마음고생이 많았을 거예요."

"대부분 아빠들이 사실은 그래요. 그런데 그런 걸 어떻게 깨닫게 되신 거예요?"

"본래 저희 집안 분위기가 살갑게 표현하는 남성문화는 아니지만, 아버님이 제일로 치는 게 가정이었어요. 형제간의 우애, 조상님 잘 모시는 것, 또 제가 다녔던 회사의 사시가 건강한 가정이었습니다. 구체적으로 표현하는 방법이 미숙해서 그렇지 바탕은 늘 그것이 우선이 되어야 한다는 생각은 갖고 있었던 것 같아요. 제가 한 회사의 책임을 지고 절대적인 업무량이나 여러 가지로 봐서 가정에 충실하기가 어렵고, 양쪽을 병행하기가 쉽지 않다는 것을 느끼고 나서 이 자리가 평생을 걸고 내가 매달릴 만큼 절대적인 가치는 아닌데 그럼 뭐가 더 중요한 걸까 생각하게 됐고 중년을 맞으면서 삶의 방향을 바꾸게 되었죠."

"그렇게 말씀을 하시니까 쉽게 생각이 되지만 보통 일반 사람들이 특히 남자들이 그런 결정을 한다는 게 정말 쉽지 않거든요. 일단 월급이 안 나오고 가정을 위해서 회사를 그만둔다면 실제로 아내들은 좋아하진 않을 것 같아요. 그렇게까지 결정을 하신 가장 큰 이유가 듣고 싶습니다."

"가장 많은 질문을 받는 게 바로 그 부분인데요. 예를 들면 형님이 회장으로 계셨으니까 형님하고 대판 싸워서 차 버리고 나왔다든지, 죽을병의 고비를 한번 넘겨보고 이게 세상의 절대적인 가치는 아니구나 하는 극적인 계기를 맞았다든지, 아니면 회사가 쫄딱 망했다든지 그러면 제 얘기가 쉽게 이해가 될 겁니다. 그런데 그것도 아니라니까 사람들이 뭔가 다른 이유가 있겠지 자꾸 물어보시더라고요. 극적인 계기는 없었고 말씀드렸듯이 문득 되돌아보면서 가정과 일을 병행할 수 있는 일은 뭐가 있을까에 대한 생각과 또 하나는 나이 60, 70살이 되더라도 내 건강만 허락하면 계속 할 수 있는 일, 그러면서 나이가 들어갈수록 오히려 연륜을 조금씩 쌓을 수 있는 일이 뭘까. 그러면서 책 읽고 글 쓰고 방송하는 내 적성을 더 잘 살릴 수 있는 일은 또 뭘까. 그러다가 가정이라는 주제를 잡은 거예요."

"아내하고의 문제는 없으셨어요?

"제 얘기를 쭉 듣더니 제 결심을 꺾을 수 없다는 것을 알아서도 그렇겠지만, 찬성은 아닌데 잘 생각해보고 제가 정말 좋아하는 일이라면 뜻에 따르겠다고 하더군요. 그래서 아이들에게도 이야기를 했더니 괜찮다고 하더라고요. 사장 아들 딸 아니어도 되고, 아빠도 늘 우리들한테 하고 싶은 일 하라고 했다면서 아빠가 하고 싶은 일이라면 자기들은 반대는 안하겠다고요. 오히려 어머님하고 큰 형님이 반대가 심했어요."

"그만두시고 제일 먼저 무엇을 하셨어요?"

"그만두고 1998년 1월 2일 날, 아이들하고 제 아내하고 서울 집을 출발해서 동해까지 걸어서 14박 15일 국토횡단을 했던 게 첫 번째 일이었습니다. 아빠도 뭔가 새로운 출발을 하는 거고 딸아이도 중학생에서 고등학생으로, 아들도 초등학생에서 중학생으로 출발을 하는 거니까 한번 해보자 했죠. 처음부터 아이들이 선뜻 따라나서지는 않았어요. 엄마가 설득을 하고 아빠한테 힘을 실어주자고 했더니 아빠하고 가면 세끼 밥은 따뜻하게 먹여줄 거고 자는 것은 따뜻한 방에서 재워주겠지 해서 따라나섰는데 사실은 제가 둘째 날부터 발을 삐어서 고생을 많이 했죠."

"남편이 은퇴를 하면 여자가 제일 힘든 게 뭐냐, 바로 남편이 집에 있는 거예요. 아침 해줘야 하지, 점심 해줘야 하지, 외출도 제대로 못하죠. 어느 날 멀쩡하던 남편이 직장도 안 나가고 집에서 밥 내놔라 하면 집에서 스트레스 받을 것 같아요."

"명퇴하고 은퇴하신 남자 분들이 어떻게 지내시는지 유심히 보면서 '그만둔 남편이 너무너무 좋다, 아빠가 직장 그만두고 집에 있는 것이 너무너무 신난다' 이러지는 않더라도 그 자체가 스트레스를 주는 것만큼은 되지 말자고 제가 명심을 하고 시작했거든요. 의도적으로 스트레스를 안주려고 노력했는데도 들어오는 아이들이 아빠가 집에 있다든지, 다른 사람이 전화를 했는데 이 시간에 집에 남자가 전화를 받는다든지 또 더러는 제가 잔소리를 안 한다고는 했지만 보이는 게 있으면 하게 되죠. 그래서 제 딴엔 안 한다고 했지만 집사람은 스트레스를 은근히 받았을 거예요. 그러다가 제가 가족이라는 주제를 정했으니까 잘 넘긴 셈이죠."

"1년 반 동안을 그렇게 쉬시면서 얻은 게 뭐였어요?"

"입춘이 지났으니 우리도 곧 봄바람을 느끼겠지만, 우연히 아침에 수영을 하고 나왔는데 공기가 참 달아요. 스쳐 지나가는데 봄에 싹이 나오는 거예요. 그전에는 마음의 여유가 없어서 눈길을 돌릴 수가 없었죠. 그랬던 것들이 조금씩 좋다는 느낌으로 다가오더라고요. 그러면서도 문득문득 씁쓸해질 때가 있어요. 누군가를 방문하거나 친구를 찾으러 갔을 때 비도 오는데 가방 들고 우산 들고 코트 들고……. 그전에는 기사가 가방도 들어주고 코트도 받아주고 그랬는데, 하지만 그런 건 잠깐이었고요. 나 혼자 온전히 내 시간만을 즐길 수 있다는 그게 너무너무 좋다는 느낌이 들었어요. 체질적으로 조금 제가 느리기도 하고요, 느리게 살려고 노력하는 편이어서 요즘 이야기로 하면 코드가 아주 안 맞지는 않았던 거 같습니다."

"놓친 기득권들에 대한 아쉬움은 없었습니까?"

"각오를 했었고 갖고 있는 것에 감사하자는 쪽이어서요. 하하하. 처음에 연구소를 인사동의 조그만 사무실에 얻었는데 낙원상가 지하에 가서 바가지도 사고 까만 비닐봉지에 들고 오니까 경비가 인사도 안 해요. 내가 누군지를 모르니까요. '그전에 회사에 있었더라면 경비가 깍듯이 인사를 했을 텐데……' 하는 생각에 씁쓸해지기도 하고, 방송국에 방송을 하러 가는데 청원 경찰이 녹음스튜디오 앞에서 지키고 있다가 어디서 오셨느냐고 물어보더라고요. 그래서 제가 갑자기 뭐라고 이야기를 해야 할지 몰라서 집에서 왔는데요, 그랬거든요. 청원경찰이 말귀를 못 알아듣는 거예요. '어디서 오셨다고요?' 집에서 왔는데요, 그랬더니 작가가 바로 뛰어나와서 뭘 그런 걸 물어보시냐고 수습했죠. 그랬던 몇 가지 씁쓸한 기억 말고는 대부분이, 1년에 300일이 행복했어요. 아내도 당신은 참 특별나다고 그래요."

"구체적으로 일을 그만두면 가족과 함께 뭘 해 보겠다. 이런 것들은 없으셨어요?"

"함께 하는 거죠. 그전에 함께 못하지는 않았지만 예를 들면 그때 아이가 졸업하고 입학이니까 아들 딸아이 졸업 두 번 다 가고요, 입학식에도 다 가고요. 아이들이 좋아하죠. 우리 아이들을 같은 또래들과 섞여있는 졸업식장에서, 입학식장에서 다시 발견하는 느낌, 그게 참 새롭고요. 14박 15일 동안 걷고 한방에서 자고 그러면서 뒹굴고 했던 국토횡단의 추억같은 것은 다시는 바꿀 수 없는 재산이죠. 그 생각이 지금도 변치 않는 걸 보면요. 함께 식사한다든지, 함께 여행한다든지, 함께 화랑에 가고, 공연도 보러 가고 그런 것들은 절대적으로 시간 자체가 회사 일이라든지 누군가 사람을 만나고 술 마시고 늦게 들어가는 것에 늘 밀려서 못해봤던 것들인데 그때 못 했던 것을 해본 것이 가장 큰 재산이었던 것 같습니다."

"지금도 그렇게 하고 사세요?"

"항상 원칙을 세워놓고 일과 가정에 균형을 지키려고 노력합니다."

"대부분은 일이 중심으로 가게 되는데 가정과 일에 대해서 어떤 식으로 원칙을 세우면 되는지요?"

"대부분 직책이 높아지면 높아질수록 일에 중심을 두지요. 하지만 전부였다고 생각했던 그 일이 타의에 의해서 밀려나면 내가 없어지는 거거든요. 내가 왜 이렇게 바빠야 하는지, 내야 왜 이 늦은 시간까지 술을 마셔야 하는지 하는 궁극적인 이유를 곰곰이 되씹어보면 회사일과 구조적인 문화 때문이라는 핑계를 벗어나 가족과 함께 하는 시간을 우선으로 조금만 더 조절하셔야 한다는 걸 아실 거예요. 지나치게 비중을 두었던 일, 골프, 친구 등 70~80%로 비중을 두었던 것을 어느 날 하루아침에 30~40%로 깎을 수는 없지만 아내하고 함께 하는 시간 그리고 아이들하고 함께 하기로 한 약속의 우선순위를 조금만 조절하셔도 일에서 밀려나서 드는 소외감과 자기 정체성이 무너지는 위기감 때문에 우시는 그런 일들을 막으실 수 있을 겁니다."

"가정경영연구소라는 것은 구체적으로 어떤 일을 하는 건가요?"

"제가 석사까지는 경영학을 했는데 가정도 경영이다, 가정을 꾸려나가는데도 경영마인드가 필요하지 않겠느냐, 한 남자 한 여자 만나서 대충 꾸려갈 수 있는 게 가정은 아니다, 그런 의미이고요. 좀 더 구체적으로 이야기를 하면 회사에서 사업계획서를 짜고 결산하듯이 가정살림도 2007년도 사업계획서 짜고 결산할 수도 있습니다. 목표관리 하듯이 각 조직이나 기업에 양적인 목표가 있고 질적인 목표가 있듯이 우리 가족의 목표, 우리 부부의 목표도 세울 수가 있습니다. 윤리경영, 투명경영 그것 다 기업에만 적용하는 것이 아니라 가정에도 필요한 거고요. 부부가 지속할 수 있는 지속가능

경영을 하려면 무엇을 할 것이냐. 펀경영, 유머경영 이야기하는데 그런 유머감각을 부모님이 갖고 있다면 집안이 훨씬 편해지는 거죠. 고객만족, 고객 감동하는데 아내와 아이들을 내 고객이라고 생각한다면 우리 아내와 아이들은 얼마나 만족할 수 있을까, 기업 경영에 적용하는 모든 원칙과 방법들을 가정에 다 응용할 수 있어요."

"정말 그렇게만 된다면 바람직한 가족의 관계가 될 것 같은데요. 요즘에는 가족해체 이런 이야기들도 많이 하잖아요. 아이들은 학교나 교육때문에 늘 바쁘고 아니면 아예 어린 나이에 해외에 보내거나 가족이 떨어졌거나 이런 문제들은 어떻게 해야 하나요?"

"그래서 많은 분이 가족의 해체, 가족의 붕괴를 걱정하시는데요. 저는 좀 긍정적으로 보고 싶어요. 세상이 변하고 사회가 변하면 가정도 안 변할 수가 없죠. 가족도 변하고, 나하고 같이 사는 아내의 가치관이 변하고 아이들도 달라지고. 그렇다면 그 사회변화에 맞춰서 가족도 끊임없이 변하는 거니까, 변해가는 하나의 과정이라고 보는 거죠. 그래서 이제는 변해가는 변화경영의 지혜를 기업이나 국가에만 필요한 것이 아니라 가정에서도 필요한 거고 세상이 변한만큼 아이들을 위해서 내가 어떻게 해야 하는가, 남편으로서 엄마로서 어떻게 해야 하는가를 되돌아볼 필요가 있을 것 같아요."

"부부싸움도 하시나요?"

"이제는 싸움을 피해갈 수 있는 지혜는 좀 생긴 것 같아요. 그리고 싸움 한두 번 했다고 해서 이혼할 수 없으니까 참고 살지만 평생 상처가 된다는 것을 아니까 오랫동안 상처가 될 이야기는 안 하는 방법을 조금씩 익히는 것 같아요."

"그것을 몇 가지 가르쳐 주세요."

"제가 부부싸움에 대한 논문도 썼거든요. 예를 들면 맨 처음 때리지 말고 부수지 말고 집나가지 말자. 어떤 경우에도 아이들 앞에서 싸우지 말자. 문제가 된 것만 가지고 싸우자."

"그런데 여자들이 그렇게 안 돼요."

"쌓여 있기 때문에 그래요. 인격적인 모독은 하지 말자. 신체적인 약점, 외모, 학력, 혼수, 양가 집안의 이야기 등등. 그걸 건드리면 터지는 겁니다. 화약고가 되는 거죠. 그날 싸움은 될 수 있는 대로 그날로 풀고, 조건 없이 화해하자. 그리고 내미는 손 조건 없이 잡아주자. 싸웠더라도 잠자리는 함께 하자 등등 많죠."

"부부 십계명을 만드셨던데요?"

"그런 것들이 이제 부부가 서로 성장을 도와주자. 우리가 키는 다 컸지만 날마다 성장할 수 있다, 그 성장을 남편이 아내가 도와줄 수 있다면 항상 나누자, 분담하자, 아이 키우는 일 집안일 그런 것들이죠. 그리고 사랑한다, 고맙다, 미안하다 표현 좀 하고 살자. 담아두지 말고 등등. 그런 내용입니다."

"그런데 한국 남자들은 '그걸 꼭 말을 해야 알아?' 이게 아주 주제에요. '나 사랑해?' 하면 '그걸 꼭 말해야 아냐?' 사실 말 안하면 모르거든요."

"십수 년 같이 살다 보면 말 안해도 아는 부분이 있지만, 30년을 살아도 말 안 하면 모르는 부분이 있거든요. 그래서 제가 남편 분들한테 이야기하죠, 정말 아내가 원한다는 이유 하나만으로 이야기할 수 있지 않느냐고. 아내 되시는 분들한테도 이야기하죠, 남편이 정말 그 한마디 하면 죽을 것처럼 생각한다면 굳이 강요할 것 뭐 있느냐고. 그렇게 이야기를 하는데 남편만 서툰 게 아니고요, 아내도 서툴어요. 내가 왜 그토록 사랑한다는 말 한마디를 원하는가 하는, 정말 바탕이 되는 욕구를 이야기를 해줘야지 사랑한다는 말을 그냥 강요하면 남편은 더 거부감이 생기죠. 내가 진짜로 원하는 게 뭔지, 내가 뭣 때문에 서운하고 화가 나고 짜증이 났는지를 이야기해줘야 내가 안 하게 되는 거예요. 그런 교환이 안 된 채로 감정과 감정이 부닥치면 부부싸움이 되고 그게 심해지다 보면 아주 끔찍한 일이 일어나는 거죠."

"준비 안 된 부부라는 게 참 마음에 와 닿는 이야기인데요."

"결혼을 한다는 것의 의미와 부부가 된다는 것의 의미, 그리고 부모가 되기 위한 준비를 해야 하는데 요즘 신혼부부들을 보면 결혼식 준비만 열심히 하는 것 같아요. 혼수, 신혼여행, 예식장, 드레스 물론 그것도 필요하지요. 그러나 결혼식 준비뿐만 아니라 결혼생활 준비도 매우 중요합니다. 애를 낳을 거냐 말 거냐, 낳는다면 몇을 낳을 거냐, 낳으면 어떻게 키울 거냐, 결혼해도 일을 할 거냐, 어디서 살 거냐, 양가 부모를 얼마나 자주 찾아뵐 거냐 등등. 결혼생활 준비를 소홀히 하시는 것 같습니다."

※가정경영 연구소 031)726-3747

암을 이겨내는 사람 **이정갑** 회장

"일희일비 말고 마음 편안히…… 암투병 꼭 승리할 수 있어요."

암에 걸린 가족이나 가까운 사람을 직접 보고 겪은 분이라면 실감할 것이다. 당사자의 고통은 말할 것도 없고 한 순간에 가정이 깊은 수렁에 빠진 것처럼 우울해지고 경제적으로도 많이 힘들어지게 됩니다. 보건복지부에서 발표한 통계자료에 따르면 우리나라 국민들이 평균수명까지 생존할 경우 암에 걸릴 확률은 남자가 3명 중 1명, 여자는 5명 중 1명인 것으로 나타났습니다. 암으로 진료 받은 환자 수는 지난 2,000년에 21만 명, 2002년에는 29만 명, 2004년에는 36만 명으로 아주 큰 폭으로 늘어나고 있습니다.

12년 전 암 말기라는 통보를 병원에서 받고 암과 정면으로 맞서 싸우고 있는, '한국 암을 이겨내는 사람들' 의 모임을 이끄는 이정갑 회장님을 CBS 본격 인터뷰 전문 프로그램 '손숙의 아주 특별한 인터뷰' 에서 만나보았습니다.

"12년 전 6개월 시한부 선고받고 '암 공부' 시작하셨다는데 너무 건강해 보이시네요."

"암이 낫고 난 뒤 1,2년은 초췌했었는데 그 뒤에 몸이 더 불은 것 같아요. 어디 아픈 데도 없고. 방광암에 걸려서 지금은 방광이 없고 배를 통해서 비닐 주머니 같은 것을 차고 살고 있지만 건강한 사람들과 똑같이 생활하고 있습니다."

"어떻게 발견하게 되었나요?"

"어느 날 소변을 보는데 피가 섞인 소변이 나왔습니다. 처음엔 피곤해서 그런가보다 했는데 그것이 간헐적으로 그쳤다 고였다 해서 검사를 받으니 방광암이 너무 커서 위험한 상태라며 6개월밖에 안 남았으니 빨리 수술하라고 하더군요."

"6개월 선고를 받은 것이군요."

"수술을 거부할 때부터 6개월인 셈인데 제가 왜 수술을 거부했냐면 주변 분들이 암을 선고받고 치료를 받았는데 오래 못 사셔서 그 치료법에 대한 의구심이 들었기 때문이에요. 그래서 의사선생님께 저는 암에 대해 전혀 모르지만 치료방법에 의구심이 드니까 공부를 하고 와서 타당하다면 수술을 받겠다고 했습니다.

워낙 암에 대해 무지하고, 주변 사람들도 다 수술이나 항암제 치료를 받았는데 죽었으니 저도 똑같은 결과가 될까봐 그랬지요. 일단 서점에서 암에 관련된 책을 다 사고 의학사전, 인터넷 찾아가면서 자료를 다 취합하니까 A4용지로 1,700~1,800장 나오더군요. 그걸 보니 그 방법으로 치료해서 꼭 낫는다는 결론은 안나와 있더군요.

더 의구심이 생겨 일본에 가서 물었더니 현대 의학으로는 항암치료와 수술치료가 최상의 방법이라고 해요. 그때가 11년 전이었는데 결국 지금도 그렇지만 우리나라의 치료 방법이나 일본이나 미국의 치료방법은 별로 차이가 없습니다.

그런데 마침 그때 한국 TV에서 암을 치료하기 위한 대체의학과 한의학에 대한 유명 의사나 병원을 다큐멘터리로 한 달간 방영했는데, 그걸 보고 TV에 나오는 중국 의사들의 이름을 적고 방송국에 전화해서 그 사람들 소재지를 알아냈습니다.

그때만 해도 장기 제거의 상실감과 절망이 너무 클 것 같아 장기 상실을 막아보려고 했지요. 그때 중국에 왔다 갔다 하면서 1년 반 이상 치료를 했는데 결국 효과는 못 봤습니다. 그리고 시간 지나면서 마음에 여유를 찾으니 치료 큰 도움이 되기 시작했습니다"

"그 과정에서 벌써 6개월이 지났군요."

"그때 벌써 6개월은 넘었고 '잘 하면 안 죽을 수도 있겠구나!' 생각했습니다. 그러면서 지리산에 들어가서 별의 별 약을 다 먹어보고 뜸도 떠보고 이것저것 다 해보다가 상태가 더 안 좋아져서 결국 암 진단을 받은 지 2년 8개월 만에 수술을 받았습니다."

"부인도 돌아가셨는데 혼자서 그걸 어떻게 견뎌내셨나요?"

"이왕에 6개월을 살 것이면 내가 하고 싶은 대로 다 해보자는 생각도 있었고 갑작스레 살아야 되겠다는 의지보다 어떤 면에서는 죽는 것도 그렇게 두렵지 않다는 생각이 조금 작용하지 않았나 싶습니다.

살고 죽는 것에 대해서 너무 연연하지 않으면 편해지더군요. 그날 6개월 선고를 받고 나오면서 6개월을 어떻게 살 것인가 생각해 봤습니다.

메모지에 180일동안 해야 할 일을 적으니까 180일 내에 주변은 정리가 되는데 끈끈한 가정의 문제는 해결이 안 되더라고요. 사무실에 상담 오시는 분들을 보면 환자분들이 거의 40~50대의 가장이신데, 걱정의 주안점은 자식들입니다.

남은 자식들에 대한 걱정과 아쉬움이 질병으로 인한 고통보다 훨씬 크죠. 자식 분들이 좋은 약을 사드리는 것보다 믿음직스러운 모습을 보여주는 게 암을 앓고 계신 분들에게 더없는 치료약입니다.

만약 철없는 모습을 보여드린다면 아버님은 편한 마음으로 돌아가실 수 없습니다. 치료의 방법도 중요하지만 자식들이 암을 앓고 계신 부모님들에게 어떤 모습을 보여드리는지가 얼마나 중요한지 느끼셔야 됩니다."

"방광암 치료를 하신 이후에 항암치료는 안 받으셨어요?"

"수술을 끝내고 의사분이 항암치료를 받으라고 하였는데 2년 반 동안 현대의학 치료의 장단점을 파악해 보니까 항암제는 좋은 점도 있지만 나쁜 점도 있습니다.

저는 안 하는 게 나을 것 같아서 거부를 했지만 그렇다고 해서 모든 사람들에게 항암제를 맞지 말라는 것은 아니고, 사람마다 다르기 때문에 종양을 완전히 제거해낸 상태에서 항암제로부터 얻을 수 있는 이익과 부작용에 대한 손실을 비교해 봐서 필요한 사람은 맞을 필요가 있습니다."

"잘못된 정보를 듣고 병원 치료를 거부하시는 분들도 있는데 왜 그러나요."

"그런 면때문에 저희 단체가 만들어졌어요. 현대의학, 한의학 등 다 장단점이 있는데 특히 우리나라는 의학부문별로 자기주장만 내세우지 상대 의학을 이해하려는 자세가 없다보니까 좀 외곬수적인 주장들을 하시는 것 같습니다.

그 피해는 환자에게 오니까 환자 스스로가 치료 방법의 장단점에 대해 이해하고 가장 효율적인 방법을 취사 선택하는 게 타당한데 일단 암 선고를 받으면 당황해서 그것을 알아볼 새가 없습니다.

의료진이 하는 얘기가 최상의 방법인 것으로만 생각을 해서 쓸데없이 많은 돈도 버리고 시간도 낭비하는 일이 많은데 제가 느끼기에 암 선고를 받았으면 즉시 치료에 들어가지 말고 한두 달은 여유를 가지고 차분하게 암이라는 질병과 치료방법의 현실에 대해 공부를 해서 어느 정도 판단능력이 생긴 다음에 치료방법을 결정해도 늦지는 않을 것 같습니다."

"처음 진단 받은 사람들에게 경험 · 정보 나눠주기 시작하셨다는데 암을 이겨내는 사람들의 회원이 몇 분이나 계시나요?"

"작년 12월 말로 가족까지 약 4만2000명이 있습니다. 저희 단체는 암환자라는 제한이 없이 암에 관심이 있는 분들은 누구든 관계없이 가입할 수 있습니다."

"어떤 일들을 하시나요?"

"처음 암을 진단 받으면 무슨 일을 해야 하는지 모르십니다. 저희는 어떻게 하라고 알려드리는 게 아니라 '병원에는 이런 치료법이 있고, 한의학에는 이런 치료법이 있고, 대체의학에는 이런 치료법이 있는데 암을 경험해본 사람으로서는 이러이러한 장단점이 있더라' 하는 조언을 드리는 것입니다.

또 의사 분들이 설명을 해도 환자나 가족이 이해를 못하는 부분이 많거든요. 그런데 그 의사분이 한 시간 두 시간씩 다 설명해 줄 수는 없으니 그런 분들이 오시면 구체적인 내용의 이해를 할 수 있는 기회를 저희가 제공하는 것입니다."

"마지막으로 암을 앓고 있는 분과 그 가족들에게 한 말씀 해주십시오."

"제가 10년 넘게 투병한 결과들을 보니까 긍정적인 사고를 갖고 절망에 빠지지 않은 분들은 투병 효과가 좋습니다. 그런데 너무 죽음을 두려워하고 작은 수치변동에 일희일비하는 분들은 그 스트레스가 투병에 해롭더군요. 마음을 편안히 갖고 삶과 죽음을 잊은 상태에서 투병을 하면 꼭 승리할 수 있습니다."

※한국 암을 이겨내는 사람들 상담전화 02) 718-8001 홈페이지 http://www.a-m.or.kr

서울대 교수 **박재갑**

"담배사망자 하루 130여명, 6 · 25 때보다 많아"

담배하고 전쟁을 하는 사람이 있습니다.

2006년 2월 22일 국회에서 담배를 사고, 팔고, 제조하는 것을 일체 금지하자는 법안을 제출했고 폐암 환자와 사망자 유족들이 정부와 KT&G를 상대로 손해배상 소송을 제기하는 데에 적극적으로 참여했습니다.

우리나라 최초로 국가차원의 암 정복사업을 하기 위해서 지난 2000년 3월 13일 국립암센터 원장으로 취임하고 두 차례 연임한 이후에 지난해 3월 퇴임했습니다.

현재는 서울대학교 의대에 있는 박재갑 교수와의 인터뷰입니다.

"안녕하세요? 손숙입니다. 작년 3월 12일에 국립암센터 퇴임하시고 다시 본교로 돌아가 거의 1년이 다 되어 가는 거로 알고있는데요?"

"이제는 큰 기관의 책임을 안 맡아서 중압감이 없습니다. 대신에 자유롭게 전국을 다니면서 암과 담배에 대해 여러 분들에게 말할 수 있는 기회가 많아져서 보람이 있습니다."

"암센터 근처에 살아서 매일 오며 가며 보는데 점점 발전하는 것 같습니다."

"국립암센터는 세계 5대 암센터에 속하고 장비나 시스템은 세계 최고입니다. 장비야 돈이 있으면 살 수 있지만 시스템은 미국이나 일본에서도 부러워하는데 '과' 라는 것을 싹 없애고, 질병 중심으로 센터화하는 것은 다른 나라에서 하고 싶어도 잘 못하는 아주 혁명적인 시스템입니다."

"암에 걸려도 외국에 나갈 필요가 없겠네요?"

"우리나라 의료수준은 세계 최고입니다. 외국에 갈 필요도 없었지만 그동안은 홍보가 부족했던 것 같습니다.

위암 같은 경우 치료 성적이 우리가 미국보다 두 배나 좋고 간암, 자궁경부암 등은 월등합니다. 우리가 손재주도 좋지만 우리나라에 흔한 암 같은 경우에는 세계에서 가장 앞서나가는 치료성적을 지니고 있습니다. 과거에 돈 좀 있으신 분들이 외국에서 치료받는 걸 보고 경제적으로 윤택하지 못하신 분들이 혹시 '누구는 외국 가서 더 오래 살고……' 하실지 모르겠는데 전혀 그렇지 않다는 것을 알아주시면 좋겠습니다. 오히려 과거에 외국에 가서 치료받다가 돌아가신 분들을 볼 때 거꾸로 국내에서 치료를 받으셨으면 그런 사고가 안 났을텐데 하는 안타까움이 있습니다. 요즘에는 많은 분들이 외국에 안가시고 국내에서 많이 치료를 받으십니다."

"국립암센터를 설립하고 다시 대학에 돌아오셨는데 건강관리는 어떻게 하시는지요?"

"아버지께서 술, 담배를 안하셔서 나도 은연중에 보고 배운 것 같습니다. 젊을 때는 윗사람들이랑 어울려서 어쩔 수 없이 했지만 요즘에는 몸조심을 많이 합니다. 왜냐하면 내가 수술하는 사람의 가족 입장에서 볼 때 내 입에서 술 냄새가 나면서 수술실에 들어간다면 가족 입장에선 얼마나 원통하시겠어요? 어떻게 보면 내 몸이 내 몸이 아니고 수술을 맡기는 가족을 생각하면 컨디션 조절을 잘 해야 합니다. 외국에 나갔을 때는 옆에 환자가 없기 때문에 맥주도 마시곤 하지만 국내에 있을 때는 편히 쉬려는 생각을 잘 못합니다."

"1999년 한국담배인삼공사를 상대로 손해배상소송을 제기하셨다는 소리가 있던데요?".

"그때 크게 두 곳에서 소송을 한 것으로 알고 있는데 배금자 변호사님이 하나 하시고 지금은 국회의원이 되신 최재천 의원님이 변호사로서 하나 하셨습니다."

"거의 8년째인데 아직도 결론이 안 났나요?"

"이번 달에 서울중앙지방법원에서 판결이 난다고 알고 있습니다."

"어떤 판결을 기대하나요?"

"우리나라가 점점 투명화되고 발전하고 있기 때문에 잘 되지 않을까 기대합니다. 결국에 정의는 승리하게 되어있다고 믿기 때문에 담배로 인해 고생하신 분들을 위한 판결이 될 것으로 기대하고 있습니다.”

“몇 년 전인가 이주일씨가 담배피지 말라고 애절하게 말씀하시던 생각이 납니다. 그때 담배를 끊는 분이 많았는데 몇 년 못가더라고요. 이 소송이 영향을 크게 미칠 것 같은데 이기게 된다면 무엇이 어떻게 되는 것인가요?”

“소송 자체는 폐암으로 돌아가신 분들에게 담배회사와 정부가 배상을 하라는 소송이라 그것만으로 담배 자체가 불법화되는 것은 아닙니다. 지금은 담배가 하나의 사업으로 합법화된 장사이기 때문인데 담배 연기의 성분을 보면 도대체 어떻게 담배가 합법화돼서 팔릴 수가 있는지 모르겠습니다. 담배는 팔아서는 안되는 독극물이기 때문이다. 향후 국민들이 다 담배를 끊고 담배 농사를 짓는 분들이 다른 일을 할 수 있도록 잘 지원해 드리고 담배를 팔던 구멍가게 분들도 지원해 드리고 담배회사에서 근무하는 분들은 다른 회사에서 근무할 수 있도록 하는 등등, 우리가 노력을 하고 국민들이 거의 다 끊었으면 합니다. 또 우리 아이들 때에는 담배가 함부로 팔리지 않았으면 해서 담배제조 및 매매 금지법 청원을 지난해 2월 22일 낸 것입니다.

담배 때문에 우리 국민들이 얼마나 희생되는가 계산을 해보면 담배 관련 질병으로 돌아가시는 분이 하루에 약 130여명인데 한국전쟁 당시 우리 국군이 하루에 120여명씩 사망한 것과 비교했을 때 담배라는 총알을 맞고 한국전 당시 사망자의 1.1배가 매일 사망하는 셈입니다. 우리 국가를 운영하는 책임자들이 정신을 차려야 합니다. 국민들이 이렇게나 많이 죽어 가는데 담배를 합법적으로 판다는 것은 직무유기입니다."

"앞으로 해보고 싶은 것이 있는가요?"

"두 가지가 있는데 하나는 우리나라에서 10년, 혹은 아주 늦으면 20년 내에 담배 제조와 매매가 금지되는 것입니다. 1년에 500만 명의 세계 인구가 담배 때문에 죽고 있는데 세계적으로 많은 나라가 우리를 따라 담배 없는 나라가 되었으면 합니다. 담배 없는 세상을 만들었으면 하는 게 꿈입니다. 두 번째는 작년에 우리 병사가 제대할 때 암으로 사망했는데 70만 병력이 있는 나라의 군 병원이 이래서 되겠나요? 우리나라도 외국처럼 대통령이 아프면 군 병원에 가야 합니다. 그래야 자식을 군대에 보낸 부모가 안심하고 자부심도 가질 수 있지 않겠어요. 군에 계신 분들이 합심해서 군 병원을 세계 최고의 군 병원으로 만들어야 합니다. 프랑스, 독일, 중국의 경우에는 군 병원이 그 나라 병원 중 최고입니다. 몇 가지 절차만 해결되면 앞으로 군 내부의 의료 자문을 맡게 될 텐데 암센터의 경험을 접목해서 잘 되도록 하려 합니다."

"암 예방을 하려면 어떻게 살아야 하는지 궁금합니다."

"암은 70%가 예방이 됩니다. 담배가 암 원인의 30%이기 때문에 담배를 끊고, 간염 백신 접종으로 간염 바이러스 항체가 생기면 간암 발생이 70% 예방이 돼 암 사망이 12% 줄어듭니다. 담배 안 피고 간 관리만 해도 전체 암의 42%가 예방이 되는 겁니다. 그리고 국가에서 나랏

돈으로 위, 대장, 유방, 자궁, 간의 5대 암 검진을 해주고 있는데 위, 대장, 유방, 자궁은 조기진단이 아주 쉽고 조기진단되면 90%이상 완치되기 때문에 이렇게 해서 암 사망을 낮출 수 있는 2차 예방 수치가 28%의 사망율이 감소됩니다.

그리고 예방이 안 되는 암의 반은 고칠 수 있으니 15%, 모두 합하면 85%입니다. 85%면 십중팔구인데 즉 말하자면 암은 십중팔구 예방하고 치료가 될 수 있는 오히려 극복이 가능한 대책이 있는 질환입니다. 그런데 지금 이렇게 암이 많은 이유는 알고 있는 상식을 무시하기 때문입니다. 상식을 지켜서 암으로 고생 안하는 우리 국민이 되었으면 합니다."

전국미아 · 실종가족찾기모임 **나주봉** 회장

"영영 집 못찾는 아이가 해마다 300여명"

이렇게 문명이 발달한 시대에도, 이렇게 치안이 안정됐다는 시대에도 길을 잃고 헤매는 어린이가 있습니다. 경찰청 통계에 따르면 연평균 3800여명의 어린이가 집을 잃는 사건이 발생합니다. 그 중 8%, 연 300여명이 부모를 찾지 못하고 미아가 된다고 합니다. 그 부모들은 정말 억장이 무너지는 심정일 것입니다.

이런 사람들의 마음을 위로해주는 분이 계십니다. '전국미아 · 실종가족찾기시민의 모임' 의 나주봉 회장님을 만나보았습니다.

"명칭을 이렇게 길게 붙인 이유가 뭐에요?"

"미아, 장애아동, 치매노인, 그 외의 실종자들을 잃은 모든 분들과 함께 뜻을 모아 만들었기 때문에 그렇게 지었습니다."

"회원이 몇 분이나 되는지요?"

"현재 한 380명 되는데 다 가족을 잃은 분들입니다."

"이 모임은 언제 만드셨나요?"

“2001년도에 이 단체를 만들었는데 그 이전에 개구리소년 사건의 부모님들을 만나고 아이들을 찾아서 전국 곳곳을 다니게 되었는데 가는 곳마다 아이를 잃어버렸는데 혹시 보시면 찾아달라고 말하더군요.”

“사무실이 컨테이너박스라고 하던데…….”

“2001년도에 부모님들을 모시고 거리에서 캠페인을 크게 했습니다. 제도적 장치를 마련해달라고 목소리도 내고 했는데 다방 같은 데서 모이다보니까 장시간 얘기할 수도 없고, 사무실을 얻을 형편도 못 돼서 마침 그해 아이들을 찾은 공로로 서울시에서 받은 상금으로 컨테이너박스를 하나 사서 현재까지 쓰고 있습니다.”

“그럼 장소가 지금 어디 있어요?”

“청량리로터리에 있습니다. 롯대백화점 건너편이지요.”

“고향이 강원도 홍천인데 왜 서울로 올라오셨나요?”

“부모님이 화전을 하셨는데 제가 3형제 중에 맏이고, 9살 때 어머님이 병으로 돌아가셨어요. 내 밑으로 6살, 4살 되는 동생이 둘이 있었는데 저는 동생들을 봐야 했기 때문에 학교를 다닐 수 없었습니다.

제가 15, 16살에 남의 집 머슴살이를 2년 했습니다. 그러다가 친척 소개로 서울에서 중국집 배달을 8,9년 하게 되었습니다. 그렇게 돈을 벌어 1979년대에 작은 중국집을 차렸는데 10.26사태가 일어나는 바람에 건설현장이 다 일손을 놓게 되니까 주 고객이던 인부들이 없어져서 식당문을 닫을 수밖에 없었습니다.

그 뒤 나머지 돈을 가지고 당시 양돈을 많이 하던 나환자촌에서 돼지를 사 밀도살을 해서 팔았는데 그 해에 돼지고기 값이 폭락했습니다. 그래서 그 몇 푼 있던 것을 다 까먹고 이곳저곳을 전전하다가 폐결핵을 앓게 되었습니다.

오랫동안 같이 일해왔던 동료들이 같이 밥 먹는 것조차 꺼리고 잠자리도 같이 안 했습니다. 그때가 20대 후반이었는데 그러한 삶을 이겨내기가 힘들어서 자살을 꿈꾸기도 했습니다. 그러다가 어느 날 내 운명이 이것밖에 안 되는가 싶어서 점을 한 번 봤습니다. 그랬더니 점보는 노인분이 얼굴에 구름이 가득 꼈다고 하시면서 그 해 7월에 죽을 운수라고 하셨습니다.

돈 몇 푼으로 고기를 한 근 사서 시골에 계신 아버지, 동생들을 한 번씩 다 만나고, 죽으려는 결심을 하고 쥐포 몇 마리랑 소주를 샀는데 술을 마셔도 취하지를 않더라고요. 그러다가 한강 대교에서 동작동 국립묘지 쪽을 바라보는데 달빛이 강물 여울에 수천 개가 비치면서 어렸을 때 봤던 어머니 모습이 보이면서 눈물이 한없이 쏟아졌는데, 얼마동안 울다 보니까 죽는다는 생각을 잊어버렸습니다. 마음을 고쳐먹고 북창동에 있는 인간시장에 나가 취업을 했습니다.

그런데 어머님이 나를 살리시려 그랬는지 몰라도, 제가 갔던 약국 주인이 굉장히 좋은 분이었습니다. 몰래 주사를 놔주고 약을 무료로 주셔서 2년간 치료 끝에 나았습니다."

"개구리 소년 부모님들 만난 계기로 16년 동안 활동하신 후, 그

후에는 조금 여유가 생기셨는지요?"

"그렇습니다. 그러다가 집사람을 86년도에 만났습니다.

제가 그때 미국에 나가서 취업해 보려고 준비하고 있었는데 집사람도 생활이 어려워 고등학교를 갓 졸업하고 봉제공장에서 일을 하다가 사이판 취업을 나가려고 영어학원에 회화를 배우러 나왔어요. 그곳에서 만난 후 집사람은 사이판에 가서 일을 했고 나는 낮에는 공부하고 저녁에는 노점상을 했습니다. 그러다가 집사람이 2년 남짓 있다 돌아와서 미국 가는 걸 포기하고 결혼을 하게 되었습니다.

그런데 88서울올림픽을 계기로 정부에서 노점상을 대대적으로 단속했어요. 그래서 삶의 터전을 잃고 각설이 분장을 하고 전국을 다니면서 테이프 팔이를 했지요.

세 명이 다니면서 각설이 타령도 하고 테이프도 팔고……, 사람이 많은 곳을 찾아다니면서 했는데 당시에는 돈벌이가 잘됐었습니다.

어느 날 인천 월미도에서 한창 판을 벌이고 잠시 쉬고 있는데 방송에서만 봤던 개구리소년 어머니들이 차에다 아이들 사진을 붙이고 지나가는 사람들에게 전단지를 나눠주는 것을 보고 미안한 생각이 들더라고요. 내가 벌여놓은 판에 사람이 몰리니까 방해한다는 생각도 잠시 했지만 저도 같은 아픔을 겪었던 사람이라 가서 인사를 하고 위로를 하고 전단을 500부 달라고 했습니다.

제가 전국을 돌아다니니까 그것을 다 나눠주고 다음날 인쇄소에 가서 2만부를 찍어서 배포를 하고 다니던 중에 언론의 취재도 받고 기사도 나가게 되었습니다.

그런데 이상하게 전단지를 나눠준 이후로는 장사가 잘 안 되데요. 공연을 끝내고 테이프를 팔아야 하는데 다들 전단지를 받은 후에는 가버리셔서……. 그러다보니 같이 일하던 동료들도 하나둘씩 떠나서 나 혼자 차에 전단지를 싣고 대구에 가서 개구리소년들이 없어진 현장도 보고, 수사본부에 들러서 조언도 받고 했습니다. 그 때부터 2년 반 동안 개구리소년 부모님들과 전국을 다니게 된 것이다."

"그럼 지금 생계는 어떤 수입으로 하세요?"

"집사람이 컨테이너 사무실 옆 노점에서 옷을 팔고 있습니다. 내가 남을 위해 봉사를 하지만 아이들과 집사람의 희생이 너무 커서 미안하고 가슴이 아픕니다."

"16년동안 몇 명이나 찾아주셨는지요?"

"장애아동 포함해서 미아 48명, 치매노인 22분, 가출청소년은 수백 명이 넘습니다. 손숙 선생님도 혹시라도 주변에 낯모르는 아이가 울고 있다거나 길을 헤매고 있으면 곧바로 경찰에 데려다 주시고 항상 관심을 가져주신다면 이런 불행이 줄어들 수 있을 것입니다."

"마지막으로 하실 말씀 부탁드립니다."

"이제는 미아에 대한 인식을 달리 해주셔야 할 것 같아요. 아이를 잃어버리고 나면 그 가정은 그 순간부터 풍비박산이 납니다.

아버지는 하던 일을 팽개치고 아이를 찾는 일에 몰두하게 되고 어머니는 나머지 가족을 지키기 위해 집에서 전화를 기다리고 눈물로 세월을 보냅니다. 그러다보면 아버지는 힘든 부분을 술에 의존하게 되고 어머니는 눈물로 살다가 힘든 나머지 서로 책임전가를 하게 되죠.

그러면 끝내 싸움으로 이어지고 이혼을 하고 가정이 해체되게 됩니다. 현재 회원으로 되어있는 380명의 미아 부모들 중에 70%가 이혼하거나 가정이 해체된 상태입니다. 이것은 정말 어느 누구에게 닥칠지 모르는 일입니다.

다시는 이땅에서 어린이를 이용한 반인륜적인 범죄행위가 발생하지 않기를 바라고, 범죄로부터 사랑하는 우리 아이들과 가족을 보호하기 위해서라도 국민 모두가 경찰관의 눈이되어 주변을 살펴보실때만이 실종된 우리 아이들을 찾을 수 있고, 예방을 할 수 있습니다. 항상 관심을 가져주시면 이러한 불행을 줄일 수 있으리라 생각됩니다. 감사합니다."

※전국미아 · 실종가족찾기시민 모임
주소 : 서울시 동대문구 청량리동 744번지
전화 : 02)963-1256 / 011-780-1256
홈페이지 : www.182.or.kr
이메일 : mia1256@hanmail.net

단국대 **박석무** 이사장

"다산의 평생 공식은 '백성 잘살게' 였지요"

누군가를 뜨겁게 사랑하고 누군가를 뜨겁게 생각하면 그 사람을 닮는다고 합니다. 평생 다산 정약용과 함께 한 사람이 있습니다. 다산에 관한 논문에서부터 그의 저서에 관한 대중적인 해설서까지 다산에 관한 것이라면 이 사람을 꼽는 것을 주저하지 않습니다.

대학에서 법학을 전공했으면서 민주화운동 경력 등으로 4번의 투옥 경험을 갖고 있으며, 고등학교 영어교사도 했습니다. 또 13, 14대 평민당 국회의원으로도 활동했던 단국대 박석무 이사장을 '손숙의 아주 특별한 인터뷰' 에서 만나보았습니다.

"단국대학교 이사장에 선임된 지 2년 되셨나요?"

"이사장에 선임된 게 2005년 3월이니까 2년은 채 못됐지요."

"그리고 국회의원을 하셨잖아요? 다시 돌아가실 생각은 없으신지요?"

"국회의원 때보다 지금이 할 일이 더 많아요. 그때는 책 읽을 시간이랑 글을 쓸 시간도 없어서 많이 아쉬웠습니다. 또 현재 하고 있는 일들에 너무 큰 매력을 느끼기 때문에 국회에 돌아갈 생각은 전혀 없습니다. 국회에서 활동할 때보다 훨씬 건강하고 마음도 편합니다."

"다산연구소 이사장이신데 다산 연구는 언제부터 하셨나요?"

"저희 집안이 증조할아버지, 조부, 저희 아버지 모두 시골에서만 살았지만 그래도 그 지역에서는 알아주는 한학자셨습니다. 제가 어릴 적부터 낮에는 학교를 가고 돌아오면 집에서 할아버지, 아버지께 한문을 배우곤 했는데 대학 무렵에는 거의 사서오경을 다 읽었습니다.

그래서 대학 다닐 때도 한문에 밝은 사람으로 알려졌는데 한 교수님이 '자네는 한문을 잘하니까 한국 법제사를 공부해보게' 하셔서 '경세유표'(經世遺表) 등 다산 선생님의 저서를 보기 시작했습니다.

그런데 보면 볼수록 매력이 느껴지고 그 시대에 이런 생각을 했던 분이 있었는데 우리가 모르고 있었구나 이 분에 대해 연구하고 알리는 것도 값있는 일이라는 생각이 들었습니다.

그 당시는 누가 알아주지도 않았지만 요즘에는 다산 선생님이 개혁사상가이며 당시 뒤떨어진 과학에 관심을 갖고 기계를 발명한다든가 병기를 개발한다든가 하는 굉장히 선진적인 생각을 하는 분이었다는 것이 알려진 것 같습니다.

제가 여기서 이렇게 인터뷰를 하는 것도 어떻게 보면 그분 덕분이 아닌가 생각합니다."

"다산이란 분은 어떤 분이라고 할 수 있나요?"

"다산이 어떤 분이라고 말하기는 쉽지 않지요. 그래도 연구를 많이 한 분들이 상당히 정리를 해놨어요. 예를 들면 6 · 25때 납북된 위당 정인보 선생이 다산을 아주 좋아하셨고 그분의 노력으로 다산의 저서가 많이 간행되었는데 그분이 이런 말을 했어요.

'다산이라는 분은 너무 생각을 집중적으로 했다. 어떻게 이 나라를 살리나, 어떻게 백성들을 구제할 것인가 하는 것에 집중적으로 생각을 모으다 보니까 어느 순간 남이 미처 생각하지 못한 것, 남이 도달하지 못한 부분까지도 이르러 국가와 민족을 살릴 수 있는 모든 방책을 다 강구해 놓았다.'

또 '다산 한 분의 저서를 읽어보면 우리나라의 민족이 어떻게 살아가고 흥망성쇠가 이룩되는지 알 수 있다. 그분을 읽으면 미래도 개척될 수 있다' 고 하셨는데, 백성들이 어떻게 하면 더 편하게 살 수 있을까 하는 생각으로 거중기, 농로, 활차 등을 만드는 등 자기 개인의 이익보다는 남을 생각하는 공인의식이 다산에게 있었던 것입니다."

"그분이 만약 계속 벼슬살이를 했다면 그런 것들이 나올 수 있었을까 하는 생각도 듭니다."

"만약 다산이 판서나 정승으로 끝났더라면 제대로 역할도 못했을 뿐만 아니라 오늘날 우리가 보는 다산의 저서가 나왔겠느냐, 오히려 감옥에 가고 18년간 유배생활을 했기 때문에 그런 저서를 쓸 겨를이 있지 않았겠느냐고 볼 수도 있습니다.

저하고도 연결된 이야기인데, 저도 다산의 저서가 500권이나 돼서 다 못보고 있었습니다. 그런데 고등학교 교사를 하던 당시 운동을 하던 후배들과 한 묶음으로 국가를 전복하기 위한 예비 음모를 했다며 구형 10년을 받았습니다.

당시 1년동안 독방에서 감옥살이를 했는데, 그 기간에 읽었던 다산의 책이 오늘날 써먹는 내용의 바탕이 된 것이죠. 그래서 저를 감옥에 보내줬던 독재자들에게 감사하는 심정조차 있습니다. 하하하. 다산이 만약에 정승판서를 했다 한들 당시의 사회적 구조와 모순이 해결이 됐겠느냐, 오히려 유배살이 속에서 공부를 해서 새 세상을 밝혀준 것이 역사에 유익하지 않았느냐고 보고 있습니다."

"다산의 어떤 점을 닮고 싶으신가요?"

"진짜 불행했을 때 보통 사람들은 절망하기 쉽습니다. 다산도 40살, 그러니까 벼슬이 시작될 때 벼슬이 끝난 셈인데 귀향지에 도착해서 '이제 겨를을 얻었다. 하늘이 나로 하여금 겨를을 줬다. 그동안에 세파에 시달리고 벼슬을 하느라 책 읽고 글 쓸 겨를이 없었는데 하늘이 나에게 책을 읽고 글을 쓸 겨를을 줬다' 라고 했습니다.

저도 잡혀 들어갔을 때 인생이 끝났구나 생각하는 대신 이제부터 책을 보자, 하고 다산을 거기에서 배운 것이죠. 다산의 정책이나 철학은 너무 크니까 다 말할 수 없지만 세상에 희망을 주는, 위기를 기회로 바꾸는 간단한 몇 가지에서 우리가 큰 도움을 받을 수 있는 것입니다."

"젊은이들을 위해 하시고 싶은 말씀이 있다면 무슨 말씀을 해주고 싶으세요?"

"지금 많은 젊은이들이 오늘, 아니면 내일만 따지거든요. 오늘 어떻게 지낼 것이냐, 내일 어떻게 멋지게 사느냐 하는데 오늘을 진짜 즐기고 내일을 제대로 잘 살려면 어제는 어떻게 했는가, 그 전에는 어떻게 했는가 하고 과거를 봐야 합니다.

다산이라는 분은 늘 자기가 막힐 때 옛날 경서, 고경(古經)으로 돌아가자 하고 공자도 자기 스스로 '나는 호고(好古)하는 사람이다', 즉 옛 것을 좋아하는 사람이라고 했습니다.

또 요새 아무리 좋은 고려자기도 옛날 그때 나왔던 고려자기만 못하듯이 가장 원칙적인 것, 가장 바른 것, 가장 정교한 것, 가장 순수한 것이 '예'[古]라는 것이거든요. 다산이 좋아했던 옛 것, 고, 고학, 고문, 고서라는 것……, 좋지 않습니까? 우리에게도 다산과 같은 그런 운치가 필요합니다.

그렇다고 해서 옛날로 돌아가는 복고(復古)는 안 되고, 옛날을 숭상하는 상고(尙古)가 필요합니다. 이제는 고(古)를 말하는 것이 미래를 바라보면 더 혁신적입니다. 진짜 오랜 것을 찾아내는 게 혁신이라는 말입니다. 내일을 위해서, 미래를 위해서 호고(好古)하자는 말을 하고 싶습니다."

"마지막으로 이 시대를 위해서 한마디 부탁드립니다."

"제가 다산연구소에서 33만 명이 넘는 독자들에게 이메일 서비

스를 하고 있습니다. 그런데 그분들이 서로 퍼줘서 최소한 몇 십만이 넘는 분들이 그 글을 보고 있습니다.

이미 1월 1일 보낸 편지에서 이야기한 바 있습니다만 '정말 겸허하자, 왜 자기만 잘났다고 떠드나? 전부가 자기가 잘나고 자기만이 똑똑하고 자기가 가장 잘났다고 생각하면서 싸움이 벌어지고 경쟁이 벌어지고 세상이 시끄러워진다. 이건 전부 나의 잘못이라고 생각하자' 고 생각합니다.

다산이 한 말 중에 이런 것이 있습니다.

'스스로 높이는 자는 남들이 낮게 여기고, 스스로 낮추는 사람은 남들이 높혀준다'(自上者人下之 自下者人上之). 지금 정치계나 경제계나 사회계나 전부 제 잘났다고 떠드는데 '나 좀 채워주세요, 난 좀 모자랍니다' 하고 이야기할 때 세상이 조용해지고 좋아지지 않겠습니까. 우리 모두가 겸손, 겸허한 마음을 갖는다면 세상이 좀 조용해지지 않을까 생각합니다."

※다산연구소 http://www.edasan..org

前 서울지법 부장판사 **문흥수**

"긴급조치 유죄판결 판사 공개는 사필귀정"

열 번 찍어 안 넘어가는 나무가 없다는 말이 있습니다. 꾸준히 간절하게 원하면 이루어진다는 말입니다. 그것도 그것이 옳은 방향이라면 더욱 말입니다. 그래서 이걸 믿고 계란으로 숱하게 바위를 치는 사람이 있습니다. 언젠가는 굳건했던 바위가 깨지리라 생각하면서 말입니다.

이 사람의 별명은 사법개혁 전도사이다. 사법부가 바로 서야 정의가 바로 선다는 믿음으로 올곧게 그 자리에서 '아니오' 라고 외치는 사람입니다. 가만히만 있으면 출세 길도 보장되는 걸 뻔히 알면서도 그 길을 마다했습니다. 오로지 한 목소리만 꾸준히 내오다가 결국 부장판사 법복을 벗었습니다.

엄격한 서열 위주의 법원의 인사 관행이 바뀌고 법원이 더 이상 거물 변호사 양성소가 되지 말아야 합니다. 그래서 법원다운 법원이 되기를 간절히 원한다"는 사직의 변을 마지막으로 2004년 2월

14일 법원을 떠난 문흥수 전 서울지방법원 부장판사를 만나보았습니다.

"제일 먼저 묻고 싶은 것이 있어요. 그제 진실 화해를 위한 과거사 정리위원회가 긴급조치 위반 사건 재판에 관해서 판사의 실명을 공개하겠다고 해서 논란이 일어났는데요, 어떻게 생각하시는지요?"

"진실 화해 위원회에서 공개하기 이전에 이미 일부 신문사에서 명단을 공개했으니 공개 여부의 논의는 의미가 없고, 때가 되면 역사의 법칙에 따라 모든 것이 드러나는 것이 필연이라고 생각합니다. 사필귀정 아니겠습니까. 공개를 꼭 하지 말아야 된다는 것도 사실 이해가 안 돼요. 애초에 공개가 된 것 아닌가요? 그때 당시 누가 재판했는지는 피고도 알고, 방청객도 있었고 그렇게 따지면 재판이 밀실에서 이루어진 것은 아니잖아요?

헌법에도 재판공개의 원칙이 있고, 이미 다 공개된 사실인데, 그것을 진실 화해 위원회에서 긴급조치 사건만 종합적으로 정리하는 과정에서 법관명단을 공개하는 뭐 그런 문제였는데 공개가 불가피하고, 이미 공개됐지요. 공개가 안 되어야 할 이유있습니까?"

"외국의 경우는 어떤가요. 독일이나 프랑스 같은 경우는요?"

"독일의 경우, 히틀러 치하에서 그런 문제가 있었는데, 2차 대전 후에 다 정리가 됐지요. 히틀러 치하에서 권력의 시녀역할을 한 법관들이 다 공개 되고, 특별법을 만들어서 전부 무죄를 선고해 준 것으로 알고 있습니다."

"예를 들어 인혁당 사건이 이번에 무죄판결이 나지 않았습니까. 그런 경우에도 사실 가족으로서는 억울한 부분들이 많이 있을 것 같아요."

"억울한 정도가 아니라 피눈물이 나죠. 사법부에 의한 살인이라고까지 얘기가 되고 있지요. 우리나라는 일제 점령기와 군부독재시대를 지나가면서 후진적인 모습이 아직도 남아 있습니다. 긴급조치판결 관련해서도 직접 관여한 선배 법관들에게 들은 얘긴데 당시 법원 법관들이 긴급조치에 의해서 강간을 당한 것이라는 말씀을 하시던데요, 법원과 법관도 피해자라는 입장에서 이해해야 한다고 저는 생각합니다."

"일부 그때 판사분들 중에서 '나는 배석판사였다. 억울한 면도 있다.' 이런 분들도 있는 모양인데, 그것이 일리가 있는 말인지 법을 잘 모르는 사람들을 위해서 설명 부탁드려요."

"기본적으로 법원 재판은 합의부 재판과 단독재판으로 나누어집니다. 보다 덜 중요한 사건은 단독 판사 즉, 일인판사가 혼자 판단하는 그런 법원재판이고, 합의부재판이라는 것은 1심, 2심을 거쳐 재판장과 좌우배석 세 사람이 합의와 심사숙고 끝에 보다 중요한 사건의 결정을 내리도록 되어있지요. 대법원은 기본적으로 전부 합의부 재판을 하게 되어있는데, 대게 대법관 4인이 소부를 이뤄서 재판을 하고 또 아주 중요한 사건은 대법원장을 포함한 대법관 전원이 합의체를 이루어서 재판을 하지요. 이 긴급조치 사건도 법원조직법상 중요한 사건이기때문에 합의부에서 재판을 하게 되어 있었고, 지금 나오는 분들, 즉 현재 헌법재판소나 법원의 고위직에 있는 분들은 대게 그 당시에 초임판사로서 배석판사를 하던 분들로 긴급조치 사건을 맡았던 것으로 보여집니다."

"배석판사가 무엇이며, 실질적으로 배석판사의 의견이 반영이 되는 건가요?"

"법적으로는 배석이나 재판장이나 대등한 합의권이 보장되어 있지요. 그러나 우리나라 배석판사는 대학졸업하고, 연수원 마치고, 군대 갔다 와서 되는데, 실질적으로 사회경험도 부족하고, 실무 능력도 떨어지기 때문에 일종의 인턴 내지 수습 비슷한 그런 기간이라고 보시면 됩니다. 그러다 보니까 배석판사들로서 관여하기 어려운 측면이 있었음을 이해해 달라는 그런 요청인데, 그러나 그런 얘기를 하기 보다는 왜 긴급조치시대의 법관들이 그러한 재판을 할 수 밖에 없었는가, 그리고 문제의 본질이 무엇인가, 그런 면에서 접근하고 국민들에게 이해를 구하는 것이 먼저라고 생각해요. 그리고 이것을 계기로 해서 사법부 독립을 좀 더 공고히 하는 것이 맞고요.

지금도 제가 볼 때는 법원 인사 시스템은 피라미드 시스템으로 되어 있습니다. 유신독재 시절에야 더 했지요. 그 시절엔 군부에 의해서 법원을 통제하던 그런 시대였는데, 그런 전통이 지금도 그대로 남아 있습니다. 사법개혁이 계속 논의가 되는데, 빨리 선진화해서 우리의 의식이 뭘 하나 보고 듣더라도 중요하고, 기분 좋고, 뭔가 정리가 되고, 뭔가 발전을 위해서 노력하고 있다는 것이 보람이 되는 사회가 되어야 한다고 생각합니다."

"저도 어떻게 보면 이런 기회가 사법개혁을 할 수 있는 좋은 기회가 될 수 있지 않은가 생각해봅니다. 도대체 사법개혁의 핵심이 무엇입니까. 인사개혁인가요?"

"법관의 독립의 핵심은 법관의 신분보장입니다. 법관들이 소신껏 판결해도 명예롭게 정년까지 근무할 수 있는 것이지요. 기본적으로 법원은 소위 사법부의 독립이라고 하는, 법관의 독립, 입법부 행정부에 대해서 법관들로 하여금 헌법과 법률, 양심에 따라서 독립해서 심판할 수 있도록 헌법적인 요청이 따릅니다. 삼권분립 이야기는 다 아시듯이 상식적인 얘기지요. 법관이 독립해서 심판하지 못하면 결국은 재판이 굴절 내지는 왜곡될 수 있기 때문에 법관의 독립을 선진국에서는 철저히 헌법적인 요청으로 정해 놓고 있어요.

우리나라의 경우 법관의 독립에 가장 중요한 부분은 법관의 신분보장입니다. 법관들이 무슨 재판을 하더라도 흔들리지 않고, 법원에 소신껏 원하는 만큼 정년까지 근무할 수 있는 제도가 법관의 독립에 신분보장 문제죠. 우리나라는 지금 아마 정년까지 근무하시는 분이 3년에 한 분 나올까 말까하는 그런 실정입니다. 거의 99.9%의 법관들이 정년 이전에 다 법복을 벗고 변호사를 하는 그런 시스템인데, 이게 아주 후진적이죠. 거기에선 늘 전관예우의 문제가 꼭 나오고요. 제가 법원에 있을 때 주장한 가장 큰 주제는 이 선진국 시스템으로 법관 신분을 보장하고 정년까지 명예롭게 근무하다가 퇴직한 후에는 변호사를 하지 않는 그런 시스템으로 가자는 것이었어요. 처음에 말씀하셨듯이 제 주장이 타당하기 때문에 언젠가는 그런 제도가 이루어지겠지요. 또 이루어져야만 한다고 생각하는데, 그런 의미에서 이런 인터뷰도 의미가 있다고 생각합니다."

"전 잘 이해가 가지 않는데요, 신분보장이 안 되나요?"

"법관의 99.9%가 정년 이전에 나와서 전부 변호사를 하는 시스템이라면 신분보장이 되어 있다고 할 수가 없지요. 법관이란 직업은 힘들고 고독하고 어려운 직업입니다. 선진국의 경우 법관직무의 어려움을 가만해서 여러 가지 제도를 구비하고 있는데 우리나라는 아직도 후진국을 못 벗어나고 있어요. 법관들이 소신껏 재판을 할 수 있는 법관의 독립확보와 인사문제, 이런 걸 전부 선진국화해야 된다는 것이 제 주장이었습니다.

이제 우리 국민도 상당히 성숙한 국민이 됐기때문에 법관들로 하여금 정년까지 소신껏 근무하고 퇴직 후에는 돈벌이 차원에서의 변호활동이 아니라 공익활동 차원에서 활동하는 그런 선진국형 모델을 하루빨리 받아들일 때가 됐다고 생각합니다."

"예를 들어 인사 때문에 소신껏 못하는 경우도 있다는 말씀인가요?"

"인사때문이 아니라 법관들은 모두들 소신껏 하려고 합니다. 그런데 소신껏 못할 수밖에 없는 위험성이랄까? 그런 가능성이 너무나 농후한 큰 시스템이라는 거죠. 인사시스템이 10년마다 재임용을 받게 되어있는데요, 그동안 정권이 바뀔 때마다 소신껏 재판한 분들이 재임용에서 많이 탈락되셨어요. 인사, 보직 문제 때문에 예를 들어 후배들이 선임보직을 맡게 될 때 선배로서 법원에 나와 있기가 자괴감이 생기는 것 아니겠습니까. 그런 경우엔 옷을 벗게 되는데 이런 점에서 우리 법원은 독립이 아주 취약하다고 생각합니다."

"법관인사제도개선위원회라는 게 생기지 않았나요. 우리 문변호사님이 열심히 부르짖으셔서 생겼는데, 그 이후로 좀 나아졌습니까 아니면 유명무실입니까?"

"참여정부 초기에 저희 같이 개혁성향이 있는 법관들이 강력히 주장해서 법관인사제도개선위원회, 사법개혁추진위원회 등도 만들어서 활동했는데요, 어려운 문제가 있습니다. 고위직에 있는 법관들이 자기희생을 해야 될 부분이 있습니다. 이를테면 대법원장이라던가, 대법관들, 법원장 이런 분들이 최소한 내가 법관을 했다면 그만둔 후에 변호사는 하지 말아야겠다는 각오와 희생 '노블레스 오블리쥬' 이런 결단이 있어야 이 제도가 개혁이 되는데, 그게 어렵다 보니까 여전히 다람쥐 쳇바퀴 돌 듯 지엽말단적인 부분만 손대는 그런 결과가 되어버렸지요.

법관 인사문제는 근본적으로 승진 시스템을 지향하고 법관의 독립을 확보하되 반면에, 법관의 독립이 지나치게 확보될 때는 나태한 법관, 권한을 남용하는 법관이 있을 수 있으니까 견제장치를 얼마든지 만들 수 있습니다. 대 전제는 법관의 독립이고, 법관의 남용문제는 또 다른 문제로서 대처를 해야지 지금은 거꾸로 되어 있습니다. '법관 신분보장하면 복지부동, 남용, 나태의 문제가 있으니까 신분보장하지 말자 그리고 군대식, 경찰식으로 인사를 해서 법관을 통제하자' 이런 군사독재시대의 마인드로 법원행정이 이루어지고 있습니다. 이건 본말이 전도된 상황입니다. 법관들의 신분보장이 우선이고, 견제할 수 있는 법관징계제도를 확립하는 것은 그 다음의 문제이지요. 이런 마인드를 법을 실행하는 분들이 가져야 하는데 말입니다.

"법복을 벗은 지 3년, 계란으로 바위를 치는 외롭고도 힘든 시간 속에서 소위 '왕따' 당하지는 않으셨는지 궁금해요."

"시국사건 재판, 특히 국가보안법 사건에서 위헌 시비를 받아들여 위헌제청결정을 한 적이 있어요. 그리고 문민정부 마지막에 노동관계법을 여당 단독으로 날치기 통과한 것과 관련해서 노동계와 시민단체가 앞장서서 정부여당과 충돌한 상황에서 노동관계법 위헌제청결정을 한 적이 있었죠. 그렇게 큰 문제를 오로지 양심과 소신만으로 외롭게 결정을 할 때에 정말 비빌 언덕이 있었으면 좋겠다는 생각도 했어요.

재판 후에도 주위의 따가운 시선 속에서 그렇게 해서는 법관생활 오래하기 힘들다는 분위기가 문제였어요. 그 후 미국에서 헌법공부하며 선진국 사법 시스템을 배우고 사법개혁을 주장하기에 이르렀었죠. **저는 모든 것이 결국은 국가 수준의 문제라고 생각해요. 어느 한 개인이 노력한다고 해서 하루아침에 되는 것도 아니고 전체 국민이 선진화가 될 때, 국가가 선진화 되는 것이지요. 제가 변호사를 하면서 가장 중요한 것은 국가 전체의 수준을 끌어 올리는 것임을 절실히 깨달았어요. 사람이 살아갈 때 그 사람 수준만큼 말하고 행동 하는 것이지**

그 수준 이하도 이상도 될 수 없다는 것을 알았지요.

우리가 지금 사법부에 대해서도 긴급조치시대 판결에 대해서 이야기를 하고 있는데, 그 수준의 국가와 국민에서 그 수준의 판사들이 그 수준의 판결을 한 것뿐이지 그런 차원에서 우리가 큰 역사적인 배경과 흐름에서 이 사건을 이해할 필요가 있다고 생각해요. 제 개인적으로는 우리 국가와 국민의 수준을 어떻게 끌어 올 릴 것인가에 초점을 맞추어서 변호사 생활을 하고 있습니다."

"사법개혁 후에는 교회개혁에도 힘쓰겠다고 하셨다는데 무슨 말씀이신지요?"

"교회가 빛과 소금의 사명을 제대로 담당하지 못하기에 우리사회가 더 어두워질 수 있다고 생각해요. 기본적으로 기독교의 진리는 우리를 구원해서 천국으로 인도하는 것인데, 이 땅에서의 부귀영화에만 집중하다 보니까 기독교가 제 역할을 못하는 측면이 있는 것 같아요. 그래서 반드시 개선되어져야 할 부분으로 봅니다. 한 번 살다가는 인생, 진리와 선과 사랑이 무엇인지 잘 헤아려서 자기희생을 해가면서 우리 사회선진화를 위해서 노력하는 분들이 많이 나올 때, 전반적인 사회선진화와 함께 법원선진화가 이루어지지 않는가 생각합니다."

"법원이 거물변호사 양성장이 되어서는 안 된다고 주장하셨는데, 지금 변호사를 하시잖아요. 전관예우 혜택을 받지는 않으셨는지요?"

"계속 부정적인 모습만 비춰져서 법원에 대한 불신이 극에 달아

있고, 그 결과 석궁사건 같은 것도 터지고 그랬는데, 국가적으로 불행한 일입니다. 제가 변호사 생활 3년이 지났는데, 전관예우라는 것이 아무래도 법관생활을 20년 이상 했고 부장판사까지 지냈다 보니, 국민들이 믿고 맡길 수 있지 않겠는가 하는 차원에서 큰 사건도 많이 맡곤 합니다. 그러다 보니 비난과 의심의 눈초리를 피해갈 수는 없더군요. 법관들은 전관예우를 하지 않는다고 항변을 하지만, 국민 편에서 볼 때는, 고위직 출신 거물 변호사가 선임된 경우에 상대방으로서는 뭔가 불안감을 느끼고, 전관예우에 의해서 질 사건을 이긴 것이 아니냐는 의구심을 갖게 되죠.

예를 들어 갑과 을이 재판을 하는데 갑쪽에는 법원장 출신의 거물변호사가 선임돼서 재판을 하고 있고, 을쪽에서는 경륜이 짧은 변호사가 재판을 했다고 할 경우, 갑이 이겼다면 국민들은 을이 질 재판에서 졌다고 생각하기 보다는 갑이 거물변호사라 이겼다고 생각할 것입니다. 이런 사회적 현상 자체가 문제인데요, 그래서 선진국은 법관들이 퇴직 후에 변호사를 안 하는 것이 불문율로 되어 있지요. 아직은 제도가 바뀌지 않아서 결국은 제가 변호사를 하고 있지만 앞으로 가난하고 억울한 사람들을 위한 무료변론을 공개적으로 선언하고 할 생각입니다."

"법복을 벗고 나오면서 후회됐던 판결은 없었나요?"

"저는 주로 형사재판 보다는 민사재판을 많이 했는데요, 자신의 억울한 문제를 잘 풀어 주었다고 반갑게 인사하는 사람은 많아도 아직까지 항의하는 사람은 못 만났습니다."

"문 변호사님 이야기를 쭉 들으면서 드는 생각은 콩 심은데 콩 나고, 팥 심은데 팥 나게 살아오신 고지식한 분이라는 생각이 들어요. 연애는 어떻게 하셨어요."

"콩 심은데 콩 나고 팥 심은데 팥 난다는 말이 모든 진리의 핵심입니다. 사람들이 자기 마음대로 자기가 잘나서 사는 것 같지만 사실 숨 쉬는 숨, 한 숨을 자기가 만들었습니까. 물 한 방울을 자기가 만들었습니까. 흙 한줌, 풀 한포기 자기가 만든 것이 없습니다. 모든 것이 주어진 삶이죠. 결국 주어진 삶을 우리가 어떻게 성실하게 금은보화로 집을 짓듯이 사는가가 중요하지요."

"제가 연애는 어떻게 하셨는지를 물었는데요. 호호호!"

"중매 반, 연애 반으로 결혼을 했습니다. 신앙이 좋은 사람입니다. 사실 제가 보기와는 달리 사랑한다는 말도 자주 합니다. 우리 집사람이 저의 판사입니다. 하하하."

"존경하는 법조인들은 많으십니까?"

"네, 많지요. 제일 존경하는 분은 고무신에 도시락 싸가지고 다니시면서 사형수에게 복음을 전하셨던 청빈 법관이자 사도법관으로 불리는 '김홍섭' 판사님이십니다."

"아쉽게도 벌써 시간이 다 되었네요. 끝으로 하시고 싶으신 말씀은요."

"우리사회의 선진화와 문화적 수준을 높이는 일들을 많이 하고 싶습니다."

인생역전의 비밀은 웃음, 탤런트 **전원주**씨

"웃음이 제 인생을 바꿔놓았습니다."

30년 동안 무명의 생활을 해왔습니다. 참 설움도 많았습니다. 150센티미터의 작은 키, 카메라를 확 당길만한 미모는 아니라서 주연급 배우도 못했습니다. 오늘은 캐스팅될까 방송국 자리 지키고 연출자에게 눈도장 찍으러 출근하는 것이 일이었습니다. 그러나 공치는 날의 연속.

오랜 무명 이후 '대추나무 사랑 걸렸네'를 통해 주목받기 시작했습니다. 꾸준히 기다려온 인내의 덕택이었고 특유의 너털웃음 덕택이기도 했습니다. 어둡던 얼굴 표정에서 밝은 웃음을 띄우자 웃음이 인생을 바꿔놓았습니다.

오랜 무명생활은 절약만이 잘 살 수 있다는 지혜를 터득하게 했고 재테크의 고수로 수많은 기업에 섭외 1순위로 오르며 단골 강연자로 인기도 높습니다.

수더분한 연기자, 프로답게 일하는 연기자, 탤런트 전원주 씨를 만나보았습니다.

"아! 분홍색 투피스가 너무 화사하게 잘 어울리세요."

"나이를 먹으니까 어두운 색보다는 환한 색이 좋더라고요. 제가 옷 입는 게 시원찮다고 부자 친구가 사준 옷이에요."

"전원주씨도 부자시잖아요."

"저는 쓸 줄을 모르잖아요. 호호."

"제일 비싼 옷은 얼마에 주고 사 보셨어요?"

"요즘은 몇 십만 원짜리 옷은 사 입어 봤어요. 몇 백만 원짜리는 못 사 입고 한 백만 원짜리 50% 세일하면 살까……. 그전에 한번은 부산에 갔는데 시간이 남아서 파마를 하려고 택시기사의 안내를 받았어요. 그런데 미장원이 로마의 궁전처럼 너무 크고 좋은 거예요. 비쌀 것 같아서 고민을 하다가 종업원을 불러서 파마 값을 물어봤더니 동네에서 해주는 가격에 해드린다고 들어오라고 해서 한 적이 있어요. 돈도 정말 써 본 사람이 쓸 수 있는 것 같아요. 어려운 생활을 많이 하다 보니까 벌써 돈을 쓰려면 겁부터 나고 이렇게 써도 되나 고민하다가 못쓰게 되고, 어디 밥 먹으러 가서도 오천 원이 넘어가면 못 들어가요. 이제는 그러지 말라고 남편이 죽을 때 돈 들고 가는 것 아니라고 그래도 그렇게 살아 버릇을 해서 그런지 잘 안 되더라고요."

"남편 분도 잘 안 쓰세요?"

"그분은 너무 잘 써서 걱정이죠. 저하고는 완전히 반대예요. 우리 집 앞에 큰 일식집이 생겼는데 비쌀 것 같아서 못 들어갔는데 병원에서 제가 복부비만이라고 기름기를 먹지 말라고 하더라고요. 그래서 일식집 앞을 서성이는데 문 앞에 '회덮밥 만원' 이 쓰여 있어서 정말 큰맘 먹고 들어갔더니 누가 와있다고 안내를 해서 문을 열어보니 큰 쟁반만한 접시에 회를 있는 대로 싸놓고 와인을 마시면서 남편이 친구하고 즐기고 있더라고요. 남편이 놀라서 눈이 콩알만큼 튀어나오더니 이거 자기가 내는 게 아니라 친구가 내는 거라고……, 호호호. 쓰는 사람과 안 쓰는 사람의 차이가 이거구나 하면서 이러면 안 되겠다 생각을 했죠."

"전원주씨와 제일 친한 사미자씨도 굉장히 돈 못 쓰는 분이거든요."

"사미자씨나 나나 어렵게 시작했기 때문에 돈을 함부로 쓰지 못해요. 사미자씨 결혼하고 집을 가봤더니 미아리 공동묘지를 헌 곳에 오만 원짜리 월세를 사는데 아이가 갑자기 데어서 알코올로 닦는데 씻기질 못해서 때가 국숫발처럼 나오는 거예요. 호호."

사미자씨가 들으면 왜 내 욕해 하실 것 같은데……. 까르르. 한번은 사미자씨 남편분이 사업으로 너무 속상하게 하니까 나도 한번 쓰자는 생각에 50만 원을 들고 나갔는데 명동을 두세 바퀴 돌고 그냥 들어오셨대요. 그 돈을 쓸 수가 없다고 하더라고요."

한번 그렇게 버릇이 되니까 못 고쳐요. 돈을 쓰려면 기분이 좋아야 하는데 일단은 겁부터 나고 지금도 가까운 거리는 가끔 택시를 타는데 백 원 올라가는 게 왜 그렇게 빨리 올라가는지 속 끓이는 것보다 걷는 게 나더라고요."

"지금도 직접 운전하세요?"

"그럼요. 직접 운전하지 기사 없어요. 장거리나 지방에 갈 때만 한 번씩 대리운전하고, 매니저도 없어서 항상 뒤죽박죽이죠."

"그렇게 강의 요청이 많다면서요?"

"좋은 배역은 안 오고 강의 제의만 봇물처럼 쏟아져요. '영원한 이등 인생이 없다, 제가 힘들게 연예계에서 몇 십 년을 밑바닥 생활을 참고 하다 보니까 햇빛이 조금 비쳤다, 여러분도 열심히 살아라' 이것밖에는 없거든요. 그런데 그렇게 사는 이야기가 좋은가 봐요.

한번은 대상이 누군지도 모르고 제주도에 강의를 갔는데 전국의 기라성 같은 CEO들이 모여 있는 거예요. 어마어마한 강사진들이 에피소드를 말씀하시는데 저하고는 차원이 틀려요. 저는 체계도 없는 강의를 하는데 하늘이 다 노랗더라고요. 도살장에 끌려가는 소처럼 정신이 하나도 없이 강의를 하고 내려왔는데 풍림산업 회장님이 다른 사람 강의는 어려워서 못 알아듣겠고 제 강의만 귀에 들어왔다고 회사에 초청을 해주셨어요."

"대한민국의 인기 절정의 대기업에 가서 강의를 많이 하시던데 강의료는 많이 받으세요?"

"제가 배짱이 좋죠. 호호, 좀전에도 경주시청에서 제 강의를 찍어서 채널로 내보내면 안 되겠냐고 하기에 사양하면서 제 이야기는 한번 듣고 끝나는 얘기로 족하지 다시 들을 얘기는 못 된다고 했어요. 일단 저는 목소리도 크고 물 한 모금도 안 마시고 마이크 없이 떠들어도 저 끝까지 들리니까 졸지 않고 들을 수 있다는 것에 점수를 많이 받는 것 같아요."

"목소리가 정말 좋으신데 어려서부터 그렇게 목소리가 좋으셨어요?"

"음성만은 끝내줬어요. 초등학교 때는 독창회에 나가서 상도 받고 가수가 꿈이어서 음대에 가려고 했더니 어머님이 거울을 보라면서 타박을 주셨어요. 자기 자식이지만 정확히 아시는 거죠. 예쁜 여자는 노래를 조금 못해도 예뻐 보이고 흉측하게 생긴 여자는 아무리 노래를 잘해도 빨리 들어갔으면 하는 바람이거든요. 호호, 그래서 꿈을 접었죠.

제가 순진하고 소극적이고 내성적인 문학소녀였어요. 숙명여대 국어국문학과 1학년 때 중앙대학교와 함께 문학의 밤을 했는데 말을 안하고 조용히 있다가 제 차례에 조용히 나가서 읽었어요. 제 눈에 안경이라고 중대 학생이 따라오더라고요. 집 앞까지 따라왔는데 어머님한테 혼나고 돌아갔죠."

"대학교 졸업하시고 성우로 들어가신 거예요?"

"제일 처음 출발이 CBS 성우 5기로 출발했어요. 금요일에 한 번 나가는 '이것이 인생이다' 인데 그 프로에 안 뽑히면 한 달간 일이 없는 거예요. 그래도 힘든 시절이 제일 생각이 나는 것 같아요. 숙대 방송반에 있으면서 멘트도 하고 웬만큼 방송 일에 익숙했었죠."

"국문과인데 작품도 쓰셨나요?"

"희곡은 몇 편 썼었는데 한 번도 당선되지는 못했어요. 쓰면서도 크게 읽으면서 역할을 다 하니까 어머님께 시끄럽다고 혼도 나고 그랬죠."

"부모님이 어떤 일을 하셨고 몇 남매셨어요?"

"아버님과 어머님이 동대문시장에서 포목상을 하셨는데 처음에는 어려웠지만 개성상인 유명하잖아요. 무일푼으로 넘어오셔서 돈을 많이 버셨어요. 제가 육 남매의 장녀인데 어려서부터 동생들 거두어 먹이고 살림하면서 생활이 그대로 묻어나니까 30년을 가정부 역만 했나봐요. 호홋, 초등학교 5학년 때부터 중2때까지 3년 동안 학교도 못 다니고 동생들 보살피고 살림을 했어요. 그리고는 중학교로 월반을 해서 공부를 했지요."

"어머님이 무서우셨어요?"

"지금도 남편은 어머님을 제일 무섭고 사나운 '인왕산 호랑이' 라고 하세요. 매도 많이 맞고, 꼬집히고, 머리를 잡아 뜯기고 아예 때리는 방이 따로 있었어요. 6시 넘어서 들어와도, 남자가 따라와도, 제대로 안 해도, 동생과 다퉈도, 무조건 잘 못하면 맞았어요. 하도 때리셔서 계모인 줄 알았어요. 호호호.

그런데 나이 먹으니까 어머니 성격이 저도 나오더라고요. 많이 참고 기다리고 강한 것은 영락없이 어머님을 닮았어요. 아버님은 내성적이시고 목소리도 작아서 우리 집은 완전히 반대였어요. 목소리도 어머님이 더 크고……."

"키는 어머님을 닮았나요?"

"키는 어머님을 닮았는데 고생을 많이 해서 더 자라지 못한 것 같아요. 하도 물지게를 많이 져서요. 옛날에는 깡 보리밥만 먹고, 그 무거운 함석 통에 물을 지고 완전히 지르박 스텝으로 걸었어요. 다른 형제들은 다 커요. 어머니도 나처럼 작지는 않아요. 공식적으로는 키가 150㎝라고 하는데 사실 조금 안 되더라고요. 호호."

"호호, 그래요? 옛날에는 성우가 인기였었죠?"

"TV가 없었으니까 성우가 하늘이었죠. 제가 음성이 예뻐서 한 번에 붙었어요. 최지숙 씨, 김영옥 씨가 동기였고 라디오드라마가 최고의 인기였었죠. 바로 위 선배로는 고은정씨가 거의 다 주인공을 하시고 그러셨죠."

"주인공도 하셨어요?"

"주인공도 하고 해설도 하고, 멜로도 좀 했고, 음성이 예뻐서요. 그런데 일이 너무 없어서 TBC에 이보라 연출 선생님의 추천으로 들어갔어요. 그런데 키는 작고, 매일 구석에서 가정부 역할을 시키는데 사람이 배역에 따라서 대우도 달라지고 출연료도 틀려요. 얼굴도 많이 안 나가고 이름도 안 나가고 정말 열심히 해도 편집에서 잘리면 출연료도 못 받았어요.

대접을 못 받는 게 제일 슬프고, 후배고 동료고 인사도 안 하고 밥도 자기네들끼리 먹고, 미용사들도 해주지도 않고……. 서러웠죠. 동네에서 '불 파마' 라고 머리가 탈 때까지 하는 파마를 하고 옷도 동대문, 남대문에서 사 입으면서 누가 봐도 가정부 역할만 했죠. 한번은 제가 너무 안쓰러웠는지 누가 중국집에 가서 짜장면을 사줬는데 생전 잊혀지지가 않아요. 체면 불구하고 양파찌꺼기까지 다

먹었는데 누군지 기억은 나질 않아요."

"무명시절 이야기를 너무 솔직하게 해주시고 계신데 그런 시절을 오래 겪으셨죠?"

"30년을 무명시절로 보냈죠. 그래도 연예인인데 길가다 사람들이 못 알아봐 주는 게 제일 속상하더라고요. 한번은 우리 아이 입학식에 갔는데 아이들이 '식모 간다' 면서 놀리니까 아들이 도망가더라고요.

끝나고 교문 앞에서 아이를 아무리 기다려도 못 찾아서 집으로 왔더니 주먹을 불끈 쥐고는 '엄마 왜 왔어' 하면서 울더라고요. 어린 가슴을 멍들게 하면서까지 이런 역할을 해야 하나 싶어서 그만두려고 고민도 했었어요.

배운 것도 억울하고 이 세계에서 이런 대접 받으면서 사는 것도 속상한데 연출자들이 이번 한 번만 가정부역할 해주면 다음에 더 좋은 역할 주겠다고 하면 그 말을 믿고 계속하게 돼요. 그런데 제가 생각해도 제 모습이 가정부로 보이더라구요. 고은정 선배가 너무 안타까우니까 옷을 제대로 입으라고 하는데 돈도 없고 색상도 못 맞췄어요. 나를 가꾸고 격상을 시켜야 상대방도 높여주는데 그걸 몰랐던 것 같아요.

빌려서라도 꾸몄어야 하나 싶다가도 이날까지 십원 한 장 빌려본 적이 없어요. 없으면 없는 데로 살았어요. 차비가 없으면 걸어가고, 굶기도 많이 하고, 냉방에서도 자고요. 성우 할 때 꼭 자장면을 시켜먹는 사람이 있었는데 젓가락 들고 기다리다가 얻어먹고 그랬어요.

그때 우리 어머님이 돈도 있으셨는데 제가 좋아서 들어간 길이고, 제가 좋아서 결혼한 거니까 제 힘으로 살라고 냉정하게 도와주지도 않으셨어요. 그렇게 몇 년을 고생하니까 그 독한 어머니가 집을 하나 사주시더라고요. 조그만 상점이 딸린 집인데 세를 놓으면 생활이 되니까 굉장히 심사숙고해서 사주셨어요. 그때서야 어렸을 적 서러움도 사라지고 어머님의 자식사랑을 이해하게 되었죠."

"언제부터 무명시절이 바뀌게 되었나요?"

"웃고 나서부터인 것 같아요. 그전에는 내성적인데다가 구석에서 혼자 중얼거린다고 별명도 '전쭝얼'이었어요. **그러다 시장에 나갔는데 어떤 아주머니가 장사를 잘하시고 전대에서 돈을 꺼내시면서 화통하게 웃으시는데 저게 바로 사는 거구나 싶은 게 정신이 바짝 들더라고요. 그래서 거울 보면서 밤마다 웃는 연습을 했고 어느날 웃음보가 터져서 연출자들이 깜짝 놀라고 시끄러운 배역이 나와서 기회가 오더라고요.**

운이 좋게도 '대추나무 사랑 걸렸네'를 7년 동안 하면서 많이 웃고 알려지게 됐죠. 그렇게 웃음과 여유가 생기니까 운명도 바뀌고 마치 하늘에서 누군가 그동안 고생했으니 영화를 누리라고 하는 것처럼 일이 쏟아졌어요. 그게 바로 활력소더라고요. 내 가슴에 밤낮 비만 오고 먹구름만 가득한 줄 알았는데 이렇게 햇빛이 비치는구나 싶어서 기도 살고 이런 자리까지도 나오게 되었죠. 호호홋."

"그런 어려운 와중에도 돈을 모으셨어요."

"사실 연예인들이 항상 돈이 많이 생기는 줄 알고 펑펑 쓰시다가 노년에 일없고 힘없어지면 굉장히 어려워지잖아요. 한번은 모 방송국에 연세 드신 가수 분이 나오셨는데 시외버스 두 번을 갈아타고 오다가 지각을 하셨다는 얘기를 듣고는 노년대비에 대해 더 생각하게 됐지요. 돈의 소중함을 깨닫고 바쁘게 일할 때 모아야 한다는 생각에 열심히 모은 거죠."

"고정수입은 아닌데 어떤 식으로 모으세요?"

"저는 돈이 생기면 무조건 은행에 가요. 저축은 빨리하고, 찾을 때는 몇 번 생각하고 최대한 버티다 겨우 찾아서 써요. 지갑에는 몇만 원 정도 들고 다니고 카드는 하나 있는데 주유할 때와 옛날에 많이 얻어먹었으니까 베풀 때 쓰죠. 밥은 주로 방송국의 2,500원짜리를 먹는데 요즘도 5,000원짜리 이상은 안 먹게 되는 것 같아요."

"예를 들어 돈이 천만 원이 있으면 어떻게 해야 하는지 물어보고 싶었어요."

"은행에서도 오래 들어가는 것이 이자율이 높고, 종자돈이 되면 투자신탁이나 이런 곳에서 회사채나 안전한 것으로 투자를 하죠. 한꺼번에 일확천금을 노리지 말고 은행보다는 이율이 높으니까 3년 정도 묻어 놓는 걸로 하면 좋죠. 담당자도 배짱 좋은 스타일보다는 순진하고 아들 같은 사람으로 선택해서 큰 욕심 내지 말고 은행보다만 이자만 많으면 된다고 안전주의로 가죠. 사람이 쓰는 재미도 멋있지만 모으는 재미도 근사하거든요. 성격의 차이겠지만 하나하나 모이는 것을 보면 저는 즐겁더라고요."

"그 돈을 모아서 무엇을 하실 건가요?"

"실버타운을 짓고 싶어요. 요즘은 다 개인주의인데 자식을 믿고 살 때는 아니고 자신의 힘으로 살아야 하는데 요즘은 돈이 있어도 외로운 노인분도 많으세요. 아직은 여력이 안 되지만 공기 좋고 살기 좋은 곳을 물색해 놓았어요."

"아드님만 둘이시죠?"

"손자가 다섯 명이에요. 큰아이는 아빠를 닮아서 건축을 하는데 씀씀이가 크고, 작은아들은 저를 닮아서 절약이 몸에 뱄어요. 학원 원장인데 청소도 본인이 하고 그러는데 며느리는 또 다르더라고요. 큰아들은 지금 태국에 가서 사업을 하고 있어 다니러 간적이 있었는데 일하는 사람을 둘이나 두고 있더라고요. 젊었을 때 아껴야 한다고 말하지요. 저는 지금도 새벽 4시 반에 일어나서 손수 밥해 먹고 방송 나가는데 좀 속상하더라고요."

"가수 데뷔도 하셨죠?"

"연기자의 길보다 더 가시밭이더라고요. 곡이 너무 졸려서 나에게 안 맞고 군가같아요."

"아! 또 시간이 다 되었네요. 이제 마지막으로 어떤 역할을 한번 하고 싶으세요?"

"드라마는 다 하고 싶어요. 저의 길은 연극을 하고 방송드라마를 하는 것인데 가리지 않고 다 하고 싶죠. 그런데 하고 싶다고 뜻대로 되는 것은 아니고 연출자가 써줘야 하잖아요. 제 얼굴이 귀족적이지는 못 하니까 순전히 섬 아줌마, 농촌 아줌마 역할인데 그래도 즐겁더라고요."

※CBS '손숙의 아주 특별한 인터뷰(표준FM 98.1MHz)'는 월~토 오후 4시 5분에 방송된다